T0274757

Encantamiento

Encantamiento

Volver a despertar el asombro
en una época de ansiedad

Katherine May

Traducción de
Ana Momplet Chico

Rocaeditorial

Título original en inglés: *Enchantement. Reawakening Wonder in an Exhausted Age*

© 2023, Katherine May

Primera edición: septiembre de 2023

© de la traducción: 2023, Ana Momplet Chico
© de esta edición: 2023, Roca Editorial de Libros, S. L.
Av. Marquès de l'Argentera 17, pral.
08003 Barcelona
actualidad@rocaeditorial.com
www.rocalibros.com

Impreso por EGEDSA
Printed in Spain – Impreso en España

ISBN: 978-84-19283-94-8
Depósito legal: B. 13167-2023

RE83948

Para Bertie, el niño al que le crecen
ramas de la cabeza

Índice

TIERRA

Últimamente

Últimamente despierto en plena noche y, durante unos segundos de pánico, no logro ubicarme. Sé cuál es mi nombre, claro, pero no con qué versión de mí misma estoy lidiando.

Una vez, sentí con toda claridad que estaba tumbada en la cama de mi adolescencia. Casi podía oír el chirrido de su armazón de metal mientras repasaba los horarios de clases en la mente: «Ciencias, Historia, Arte». Era una realidad inestable, una ilusión que acabó disipándose y, por unos breves momentos de zozobra, yo no era nadie, solo el recuerdo de aquella chica. Luego volví a ser yo, la que existe ahora, en su cama tapizada de color azul, con el aire de mar entrando por la ventana.

Aquello fue inusual. Normalmente, cuando despierto no soy nadie, solo una conciencia en la oscuridad, tratando de dar sentido a todo. Es un extraño momento a la deriva, en que el yo leva anclas. Es un interludio, como aguantar la respiración. Al final, se suelta, los pulmones se llenan y el mundo vuelve a inundarme, como recargándome de datos, tranquilizándome. Me reinicio. Estoy de vuelta.

Últimamente no soy capaz de leer una página entera de un libro. Mi atención patina, no hace fricción. Se ha aplicado una especie de lubricante a mis decisiones. Quiero hacer una cosa, pero mi inconsciente me desvía con sutileza. Tiene otros planes para mí. Debería estar observando, debería mirar hacia atrás, estar alerta a la próxima amenaza.

No paro de comprar libros y la gente no deja de mandármelos. Se vuelven amenazantes, tambaleándose en todas las mesas de la casa, apiñándose cual marginados antes de unos disturbios. Apilados junto a mi escritorio, van tejiendo alarmantes redecillas de polvo.

Me propongo poner más estanterías, pero ese proyecto también me esquiva. Al fin y al cabo, estoy demasiado ocupada observando. No puedo permitirme la atención que eso exigiría.

Últimamente necesito tener las manos ocupadas. Deshago el dobladillo a los pantalones del colegio de Bert y se los vuelvo a coger con alfileres. No tiene sentido comprar unos nuevos. Apenas le durarán un mes.

Qué rápido crece... Ya no puedo subírmelo

al regazo y envolverle con mis brazos. Entre los dos intentamos hacer algo parecido, pero siempre queda alguna extremidad suelta, y uno de los dos acaba retorciéndose incómodo. Los dos anhelamos sentir el peso de su cuerpo contra el mío, pero ahora estamos desequilibrados. Así que nos sentamos uno al lado del otro, tratando de revivir el recuerdo del contacto.

Por eso me entretengo con dobladillos, recordando cuando aprendí a hacerlo, cosiendo paños de cocina en tardes aburridas de verano. Mi abuela observaba mis manos demasiado entusiastas y me decía que las puntadas se colocan, no se tira de ellas, y que no debía tirar demasiado fuerte, pero tampoco dejar que el hilo quedara suelto. Me pregunto si la solución a tanta divagación no serán unos cuantos alfileres. Tal vez, si doy unas puntadas con mucho cuidado, me mantenga en mi sitio.

15

La última década nos ha dejado a muchos con una sensación de irrealidad cada vez mayor. Parecemos atrapados en una rutina de cambio constante sin tener nunca la oportunidad de formar parte de él. Esa nueva sucesión de ciclos, el parloteo en redes sociales, la forma en que nuestras familias se han dividido en líneas partidistas: es como si nos hubiéramos partido por la mitad, luego en cuartos, y ahora fuéramos como escombros sociales.

Si existiera un espíritu propio de esta época, se parecería mucho al miedo. Hace años que corremos como conejos. Creemos ver un cachito de cola blanca, lo interpretamos como una señal de peligro, y echamos a correr, ondeando nuestra cola blanca detrás. Es una reacción en cadena, un río de terror dando saltos incoherentes hacia delante, reuniendo otros cuerpos asalvajados y alerta que, a su vez, hacen sus propias señales de peligro. No huimos de un depredador concreto, sino de muchos. Ahora mismo se trata de correr. Todo es muy urgente. Cada año parece que tenemos que correr más. No queda otra. Solo podemos correr, llevados por el pánico, y soltar nuestros miedos a los demás, que nos los devuelven reflejados.

En esta época todo conspira para hacernos sentir diminutos. Parece que la escala de las cosas nos hubiera sobrepasado. El inestable peso numérico del mundo se ha revelado, y es como mirar a Dios a la cara: estamos abrumados por su terrible complejidad, su cruda enormidad. Nada nos podría haber preparado para esto. Y ahora procuramos mantener lo básico para sobrevivir. Es una labor desagradecida e inacabable. A veces, da la sensación de que estuviéramos cebando a una máquina gigantesca que acabará consumiéndonos de todos modos. Estamos cansados. Cansados hasta la médula de la gente que ya no se siente en casa. Y no vemos salida.

Mientras tanto, en los límites de la consciencia, intuimos una especie de ausencia. No es fácil de describir, pero oculta su propio miedo a la oscuridad de la noche, su propia tortura. Es la sensación de que nos hemos desconectado del significado de un modo que ya ni siquiera sabemos percibir. Lo sentimos cuando nos preocupa no ser capaces de cortar de raíz el discurrir de nuestro materialismo. Cuando el poder que ejercen sobre nosotros nuestros *smartphones* recuerda mucho a una adicción. Lo sentimos cuando nos damos cuenta de que nuestras vidas transcurren en el clima controlado del aire acondicionado, pero tampoco queremos experimentar el tiempo que hace fuera.

Esas son solamente sus manifestaciones cotidianas. Sin embargo, lo sentimos con más intensidad cuando buscamos el lenguaje del dolor y no encontramos más que tópicos, cuando soltamos los desechos más oscuros de nuestra experiencia al éter y no damos con nadie dispuesto a recogerlos. Se ha perdido algo, algo ha desaparecido más allá de la memoria viviente: una fluidez en las experiencias que han dado forma a la humanidad desde el principio. Hemos abandonado los ritos de paso que nos llevaban de nuestro nacimiento hasta la muerte, y, al hacerlo, muchas partes de nuestra experiencia se han vuelto inefables. Aun así, seguimos presenciándolas, separados, mudos, en un estudiado aislamiento de nuestros amigos y vecinos, que hacen lo mismo que nosotros. En este silencio se pierden siglos de conocimiento, generaciones de compañerismo. Estamos constantemente rodeados de conversación y, sin embargo, crónicamente solos.

Tengo la sensación cada vez más clara de que falta una parte de mí, aquella que es capaz de convivir con los cambios sísmicos que vienen, de intuirlos, experimentarlos y formar parte de ellos, en vez de gestionarlos sin más. A medida que me hago mayor, se está convirtiendo en una carencia apremiante. Hace tiempo que siento un anhelo que apenas empiezo a entender ahora, un anhelo de experiencia trascendente, de profundidad, de dar sentido. No es solo que el mundo necesite cambiar: yo también tengo que hacerlo. Necesito ablandarme, abandonar mis estrictas barreras empíricas, para encontrar una mayor fluidez en mi ser. Busco lo que el poeta John Keats llamaba la capacidad negativa, ese modo de pensamiento sutil e intuitivo que nos permite permanecer en «incertidumbres, misterios, dudas, sin esa irritante necesidad de aferrarse a los hechos o a la razón». La magia sutil del mundo ofrece consuelo, pero no sé cómo recibirlo.

He perdido parte fundamental de mi conocimiento, parte de mi sentimiento humano elemental. Sin ella, el mundo parece un grifo que se queda abierto toda la noche, soso y artificial, falto de vida. Soy como un relámpago que busca tocar tierra. Inquieta, llevo el picor de la energía en potencia en mis extremidades, pero nunca encuentro el punto de contacto, el momento de liberación. Y se va acumulando en mi interior como una tormenta que nunca llega. Ni siquiera tengo palabras para describirlo, esta inmensa sensación intranquila de que resbalo sobre la superficie cristalina de las cosas, temerosa de lo que acecha debajo. Necesito un modo mejor de caminar por esta vida. Quiero volver a encantarme.

Encantamiento son maravillas sencillas magnificadas a través del significado, la fascinación atrapada en la red de la fábula y la memoria. Se apoya en pequeñas dosis de asombro, casi homeopáticas: esos discretos rastros de magia que solo se encuentran cuando los buscamos. Es la sensación de que estamos unidos en un hilo continuo de existencia con los elementos que constituyen esta tierra, y que hay una potencia atrapada en esta interconexión, un cosquilleo en el límite de nuestra percepción. Es la veta olvidada en nuestra geología, la partícula huidiza que une nuestra materia inestable: la capacidad de sentir la magia en la vida diaria, canalizarla a través de nuestra mente y nuestro cuerpo, y dejar que nos sustente.

Sin él, siento que me falta un nutriente esencial, una vitamina que solo se halla cuando escarbas en tu propio suelo.

Tengo nueve años, quizá diez, y estoy sentada en la parte trasera del coche de mi madre. Atravesamos los campos de cultivo que comienzan cuando nuestro pueblo acaba, y pienso: «¿Es bonito esto?».

Desde luego, a mí me lo parecía. Cuando dejabas atrás las hileras de casas idénticas, hechas

19

de losas prefabricadas de hormigón después de la guerra, la tierra se ensanchaba y todo se volvía verde. Es cierto que eran tierras bajas que se inundaban a menudo, y estaban salpicadas de coles y vacas contoneándose; cierto, no había vistas hermosas como tal, salvo si mirabas al otro lado del Támesis, hacia la central eléctrica de Tilbury; pero era todo lo que tenía, mi cielo abierto.

A veces, bajaba andando hasta allí con las chicas que mi madre acogía después del colegio. Si seguías más allá de la biblioteca y el desfile de tiendas, acababas en un camino de tierra con grandes surcos que dejaban los tractores con sus neumáticos. Una vez creí ver un tejón, pero al acercarme y tras un largo acoso exaltado, resultó ser una bolsa de basura negra inflada por el viento. Eso sí, había huellas que podían ser de tejón, pero mi madre decía que probablemente eran de un perro grande. Eso no evitó que volviera con una bolsa de escayola y una botella de agua para recogerlas. Para mi enorme frustración, los resultados no fueron concluyentes: simplemente eran huellas grandes y, que yo supiera, podían ser de perro, de tejón o de yeti.

¿Era ese el tipo de paisaje que debía estremecerme el corazón? Eso parecía pensar mi madre, o, al menos, un poco. A veces, los domingos, si teníamos tiempo, lo recorríamos en coche para bajar a casa de mis abuelos, que estaba al otro lado de los pantanos y las verdes acequias que los enmarcaban, y lo llamaba «coger el camino bonito». ¿Contaban las acequias como naturaleza? Yo había oído que estaban llenas de anguilas, y sabía que en las ciénagas había ratas porque los gatos las metían allí, que tenían colas gruesas y rosadas del tamaño de un pulgar. Eso no me sonaba como la naturaleza que salía en los documentales de los domingos por la noche. Mi naturaleza (las cosas que existían en mi territorio) era la clase de naturaleza que hacía gritar a las mujeres en las telecomedias.

También había cisnes en el canal junto al edificio de British Uralite, la vieja fábrica de asbestos abandonada de nuestro pueblo. La gente hablaba más de la trágica pérdida de empleo que de la enfermedad que había destrozado los pulmones de muchos vecinos que trabajaban en ella. Mi madre odiaba todo lo que tuviera que ver con el aire libre, pero por algún motivo le gustaba ir allí a pasear y ver la naturaleza. En primavera había huevas de rana y enormes nidos de cisnes, donde nosotros tratábamos de ver huevos sin intimidar a las aves. Todo el mundo sabía que tenían malas pulgas. Aquel lugar donde los animales salvajes sobrevivían entre trozos retorcidos de metal oxidado y alambre de espino siempre parecía estar en peligro. La naturaleza que veíamos en televisión era vasta y extensa, y, sobre todo, estaba en otro sitio, lejos de casa. Nuestra existencia parecía pequeña y vulgar comparada con el resto del mundo.

Sin embargo, también había sitios de cuya belleza no dudaba. Estaba la escarpa de caliza en Blue Bell Hill, de camino a Maidstone, uno de los acantilados blancos de Dover, varado tierra adentro. Yo pensaba que aquello debía ser una maravilla mundial, tan escarpada y alta. Me preguntaba en secreto si sería famosa. También estaba la playa de Greatstone, con sus dunas de arena con penachos de hierba y la orilla salpicada de tellinas rosas. Cada año bajábamos en coche un par de veces, y cantábamos «The Quartermaster's Store» mientras pasábamos por los pueblos de Kent. Una vez, estábamos sentados sobre mantas de cuadros mientras mi madre bebía café en su termo azul, y dije que, cuando fuera mayor, quería vivir junto al mar. Todos se rieron.

—Pues tendrías la casa llena de arena —dijo mi madre.

—Estarías todo el día pasando la aspiradora —añadió la abuela.

Aquello me dejó confundida, porque mi abuela nunca dejaba de pasar la aspiradora, y vivíamos a muchos kilómetros de la arena. Pero aprendí la lección. La belleza era poco práctica. No era para gente corriente como nosotros.

Había otras cosas que me parecían bonitas, pero no creía que tuvieran el mismo atractivo para todo el mundo. Los cubos de pétalos de rosa que había esparcido por el jardín en verano mientras intentaba hacer perfume, volviéndose de color marrón. Las luces rojas que veíamos brillar de noche sobre el tiro de las chimeneas al otro lado del río. Las luces de los coches avanzando por mi colcha en la cama del cuarto de invitados de mis abuelos, donde nos mudamos después de divorciarse mis padres. Yo sabía que, técnicamente, todo aquello no era bello, pero me parecía mágico cómo el mundo exterior se movía sigilosamente por mi habitación.

Ahora bien, lo más bonito que vi jamás fue cuando el abuelo me despertó en plena noche de Fin de Año para que me asomara por la ventana del dormitorio de atrás y viera los fuegos artificiales en Londres, diminutos sobre el horizonte. A la mañana siguiente me preguntaba si había sido un sueño y no quise preguntar por si acaso. Estas eran mis reliquias sagradas, mi liturgia, la colección de recuerdos que guardaba a salvo para jugar con ellos. Me hacían sentir mariposas en el estómago, como si hubiera algo inminente, como si fuera a pasar algo.

Cuando era niña, encontraba el encantamiento con mucha facilidad, pero yo creía equivocadamente que era insignificante, pueblerino, algo vergonzoso que debía esconder en la carrera hacia la edad adulta. Ahora me pregunto cómo volver a encontrarlo. Al final, resulta que no tenía nada que ver con la belleza: no en un sentido majestuoso y objetivo. Creo que, cuando era pequeña, el encantamiento surgía de mi profunda conexión con el mundo que me rodeaba, de esas experiencias que se producen cuando prestas mucha atención, la sensación de contacto que surge cuando te fijas en algo. Yo me esforzaba en reprimir todas esas cosas. Creía que era lo que debía hacer para hacerme mayor. Me costó años de trabajo, de minucioso olvido. Y no me di cuenta de lo que estaba perdiendo.

Ahora bien, el encantamiento no se puede destruir. Espera tranquilamente a que recordemos cuánto lo necesitamos. Y ahora, cuando me pongo a buscarlo, ahí está: pálido, intermitente, esperando mi regreso con paciencia. La luz que queda atrapada de pronto detrás de una vidriera. El reflejo dorado en el limo de un arroyo. Las palabras que susurra el aire a través de las hojas.

«Quisiera desaparecer —escribía Simone Weil—. Cuando estoy en algún lugar, enturbio el silencio del cielo y de la tierra con mi respiración y el latir de mi corazón».

Eso es lo que yo busco: la oportunidad de fundirme con el movimiento salvaje del mundo, sentirme sobrepasada, meterme hasta tal punto en su trama que alguna vez pueda olvidarme de mí misma.

Pero es un objetivo bastante ambicioso cuando apenas consigo poner mi mente en movimiento.

Piedra

Cuando quiero describir cómo me siento ahora mismo, la palabra que más uso es descuajeringada. Capta perfectamente mi estado de ánimo: confundida, aturdida, cruzada. Además, para mí tiene un ligero matiz de dislocación o desmembramiento, como si el objeto fuera despiezado y sus partes salieran volando en distintas direcciones. Puede que lo confunda con decapitar, pero esa palabra me hace imaginar siempre que mi cabeza se aleja de mi cuerpo flotando. La verdad, la sensación es la misma. Nada está en su sitio. Es una palabra curiosa para referirse a un estado mental muy serio, la cara amigable de una crisis existencial.

No sé qué me pasa, de verdad. No es nada concreto, pero al mismo tiempo lo abarca todo. Me siento extrañamente vacía, falta de pensamiento y energía. No estoy segura de a dónde se van los días, pero se van. Cada cosa que tengo que hacer, cualquier atisbo de exigencia, se me hace pesada. Y todo me molesta. Quiero que me dejen sola y tranquila. Aunque, si consiguiera esa soledad perfecta, no sé qué haría con el tiempo. Me gustaría creer que leería, pero la verdad, probablemente dormiría. Tampoco tengo la atención necesaria para leer. No tengo atención para nada. Mi cerebro parece completamente separado de mí. Está vacío, pero, al mismo tiempo, ya no puede absorber nada más. Es como si fuera un órgano inútil, que se niega constantemente a fijarse en lo que yo quiero ver. No agarra. Simplemente rebota en todo, como un rayo pálido.

El tiempo también se comporta de una forma extraña. Es como si hubiera descendido sobre esta casa como nieve, amontonándose en algunos rincones oscuros, disperso en otras partes. Siento su peso sobre mi tejado, es tangible de un modo que no sé explicar. Ciertos momentos de mi vida diaria se han apiñado de manera que ocurren como una sucesión. Cada noche, al lavarme la cara, tengo la sensación de haber estado delante del lavabo en un momento continuo que dura ya meses. El tiempo ha entrado en bucle y se ha acumulado, y a veces temo que se me escapen décadas aquí, metida en el cuarto de baño, y de repente sea vieja. En otros momentos del día, avanza tan lento que me cuesta creer que el mundo siga girando. Algo tiene que haberse atascado.

Tal vez sea yo. Puede que esté deprimida, pero no es como las depresiones que he vivido. No siento el desprecio por mí misma que me atenazaba las rodillas, ni tampoco ese impulso destructivo. Yo sigo a flote; de hecho, me siento extrañamente satisfecha. Simplemente estoy lenta, eso es todo. Estoy vacía. Tengo la teoría de que es una especie de resaca de la pandemia, que mi ingenio está apagado por la falta de estímulo y mis sentidos realzados por la falta de exigencia. La tregua social que trajo consigo el confinamiento me gustaba, pero también estaba intranquila y aburrida. Y me he quedado estancada ahí. Aburrida, inquieta, aturdida y con el cuerpo resistiéndose a cambiarlo. La falta de movimiento se ha instalado en mis huesos, y ya no sé cómo fluir.

No soy la única, ni mucho menos. La gente que conozco también habla de ello, a su manera. Lo achacan a la dureza de ser padres y seguir trabajando durante la pandemia. Hablan de soledad y aislamiento, de cómo se les genera una obsesión por cosas que no están en sus manos. Hablan cada vez más de la menopausia y de cómo niebla su mente. Algunos hasta le ponen nombre: agotamiento. Todos somos restos quemados. No queda nada de nosotros más que huesos ennegrecidos.

Es un estado en el que tengo algo de experiencia. Los autistas conocen bien el agotamiento, especialmente aquellos que, como yo, no fueron diagnosticados hasta bien entrada la edad adulta. El agotamiento aparece cuando ignoras tus necesidades demasiado tiempo. Vas enfermando progresivamente a medida que acumulas cansancio, agobio tras agobio. En mi caso, el intentar ocultar durante años mi angustia sensorial y mi eterna dislocación social en la vida cotidiana hacía que entrara y saliera constantemente del agotamiento. Cada vez se manifestaba de un modo distinto: como una sensación de cansancio tan intensa que apenas podía mantenerme en pie, quedándome absolutamente muda, en una espiral que desembocaba en una ansiedad devoradora. Más empleos perdidos de los que quiero contar, y, por supuesto, los efectos colaterales del paro, las deudas, la incapacidad de construir una red de seguridad financiera, la pérdida de autoestima y esa vergüenza que no te abandona. Ahora que entiendo su origen, vigilo el agotamiento con sumo cuidado. Y creía haber aprendido a evitarlo, pero me equivocaba. Ha vuelto a por mí y solo puedo controlarlo hasta cierto punto.

28

Me siento ante mi escritorio para trabajar, pero acabo zascandileando entre Twitter e Instagram, y las noticias, Twitter, y las noticias, Instagram, y las noticias, Twitter, e Instagram, y Twitter, y Twitter, e Instagram, y las espantosas noticias que no cesan, y otra vez Twitter, donde todo el mundo está indignado por las noticias, y todo el mundo parece seguro, en una dirección u otra, de cómo deberían hacerse las cosas. Puedo pasarme horas así, saltando culpablemente entre avatares humanos que parecen muy sólidos y seguros comparados conmigo. Ellos emiten una luz constante, yo no. Los miro sin verlos y me pregunto cómo pueden saber tanto, cómo han llegado a estar tan seguros. Debería estar escribiendo, pero me falta la solidez para hacerlo. De todas formas, ¿qué decir?

A mediodía, me doy cuenta de que hay que hacer algo, y aparentemente eso significa esforzarme todavía más en concentrarme. Pero el único antídoto que conozco para esta sensación de flotar es patalear en el suelo hasta recuperar la gravidez. Tengo un pósit pegado encima de mi escritorio, una nota que escribí en un raro momento de lucidez la semana pasada, que dice: «Sal a dar un paseo». Creo que debería hacerme caso. Normalmente, me llevo al perro y paseo por la costa, pero hoy no me basta con ese camino llano. Quiero sentir el peso de mi ser sobre las piernas, forzarme contra la interminable fuerza que me tira hacia abajo. Salgo por la puerta delantera y subo la colina que sale del pueblo, pasando por el viejo molino y entre las casas, en busca de las piedras de Whitstable.

Hay bastantes conjuntos de piedras verticales repartidos por las Islas Británicas y Bretaña, a menudo dispuestos en círculos o filas. Conocidas como menhires, fueron talladas en el Neolítico, hace entre cuatro y siete mil años, y su función concreta se ha perdido con el paso de los siglos. Sin embargo, en Whitstable no tenemos nada tan antiguo, ni túmulos, ni megalitos, ni ruinas que insinúen la presencia de misteriosas civilizaciones antiguas. Nuestras piedras son nuevas. Levantadas en noviembre de 2020, las ocho rocas presiden el pueblo desde nuestro parque local, también recién construido. Son una reivindicación de los espacios verdes entre las casas y apartamentos nuevos que han empezado a ocupar los

campos de los alrededores según se va gentrifi-
cando el centro del pueblo. Las piedras son una
señal de que estamos cambiando, de que nos ale-
jamos de las iglesias que antaño consolaban a los
pescadores y a sus familias angustiadas, buscando un lugar neutral para reunir nuestro pensamiento. Expresan una especie de anhelo que aún
no sabemos cómo hacer realidad.

Mentiría si dijera que la idea de un círculo de
piedra nuevo no me resulta artificial. ¿Qué significan realmente esos peñascos que ni siquiera son oriundos de este paisaje? ¿Qué sentido
tienen? Fui a verlas cuando las colocaron, y me
parecieron bastante yermas, allí plantadas en
medio del árido paisaje invernal, soltando are-
nilla de la extracción. Al principio, pensé que
eran de hormigón. Me parecieron una respuesta
a medias para una pregunta que aún no hemos
aprendido a hacer. ¿Cómo se rinde culto ahora?
¿Cómo vamos más allá del crudo conocimiento de nuestra época desencantada para volver
a acceder a la magia que antes encontrábamos
en todas partes? Yo quería tocar las piedras y
que me hicieran estremecer con su significado
forjado a lo largo de los siglos. Pero lo único
que sentí fue rechazo. «Búscate tu propio significado —me dijeron—. Nosotras no podemos
hacerlo por ti».

Conocí a una mujer que tallaba menhires.
Jean Lowe esperó a que su marido estuviera ju-
bilado y sus hijos se fueran de casa para matri-
cularse en la escuela de Bellas Artes y estudiar

30

alfarería. Sin embargo, allí descubrió que los jarrones y las tazas no eran lo suyo, así que empezó a trabajar la piedra, devolviendo el barro a su forma elemental, asalvajando el suave material a través de la aplicación del fuego.

La conocí cuando yo era una joven poeta y tenía que escribir sobre su obra. Jane tenía más de setenta años, trabajaba en su estudio junto a un viejo cañaveral a orillas de un arroyo del río Medway, y seguía llevando sus piedras de un lado para otro, pellizcando las partes dentadas para darles vida y tallando canales y piscinas para recoger agua de lluvia. Le gustaba la idea de que los pájaros pudieran bañarse en ellas, aunque insistía en que no eran bebederos. Para ella, parecían más bien personas, figuras de pie en el horizonte, como las que había visto en Carnac y Bodmin, inquietantes y amigables a la vez. Jean tenía algo amablemente subversivo. Le encantaba la idea de que sus extrañas piedras se colocaran en elegantes jardines de los suburbios, dándoles un toque diferente.

La primera vez que fui a visitarla, me enseñó un bloque que acababa de sacar del horno. Tenía la parte superior partida revelando el interior hueco.

—El barro tiene memoria —me dijo—. Por mucho que intente unirlo, el horno siempre encuentra las vetas.

Le pregunté qué pensaba hacer con la piedra partida y me dijo que la dejaría como estaba. Era como si las piedras se hicieran a sí mismas,

31

buscando su expresión a través de las manos de Jane. No creo que se planteara otra posibilidad. Sus partes desiguales y sus fisuras las hacían bellas.

A mí también me encanta tocar piedra, pero yo soy más coleccionista que creadora. Vaya donde vaya, siempre acabo con piedrecillas en los bolsillos y el bolso. Cuando llega el otoño, encuentro reliquias olvidadas de los paseos del año anterior en mis abrigos, y cada una es un memento de un lugar, un momento, un proceso de pensamiento. También están repartidas por todas las superficies de mi casa, y a veces tengo que hacer una limpieza a gran escala, juntarlas y soltarlas en el jardín. Pero siempre encuentran la manera de volver a entrar. Podría jurar que se reproducen.

No se me ocurre mayor placer que tener una piedra en la mano, la piedra perfecta del tamaño perfecto. Las piedras tienen un peso puro, como pequeñas concentraciones de gravedad. Siempre parecen buscar el contacto con la tierra, tirando hacia el suelo que combine con su serenidad. Mientras escribo esto, cojo una y la mido sobre la palma de mi mano. Hay un claro acople entre las dos, una comunicación de densidad, un intercambio de calor. Por un momento, vuelvo a sentirme anclada.

Uno de los hábitos de mi aburrida infancia consistía en coger piedrecillas negras del jardín y machacarlas con un martillo. Quedaban fragmentos desiguales y caóticos, pero una cantidad sorprendente de ellas revelaban geodas, esos huecos en el centro de la piedra alineados en cristales brillantes. No me cansaba de descubrir esa belleza oculta en algo tan simple y común, y de ser la primera en ver aquella minúscula caverna. Más adelante empecé a acudir a una feria de minerales que se celebraba los domingos por la tarde en el centro comercial del pueblo, y me gastaba la paga en especímenes de malaquita y serpentina, amatista y obsidiana, pirita y celestina. Creo que los nombres me gustaban tanto como las propias piedras, todos eran difíciles de escribir y me sabían salados. Me proporcionaban un lenguaje que nadie más tenía a mi alrededor, un sistema de conocimiento que contemplar y construir.

33

Empecé a coleccionar fósiles también, amonitas y trilobitas, trozos de conchas bronceadas y espinas de pez. La nuestra no era de esas familias que viajaban a acantilados lejanos para recogerlos personalmente, así que yo los compraba, metiditos en cajas de plástico y etiquetados con cinta Dymo negra. Mis piedras me parecían ordenadas, tranquilas y obedientes, podía clasificarlas en cajas y cajones, colocarlas por edad geológica u orden alfabético, dependiendo de lo que me apeteciera. De vez en cuando, las sacaba y pensaba en su antigüedad, saboreaba la espiral en la que me metía, las escalas de tiempo desconocidas que contenían.

Con el tiempo, empecé a avergonzarme de aquellas amigas estáticas que no hablaban más que de mi soledad. Las envolví en papel de periódico y las guardé. Las únicas piedras en las que pensaba durante mi adolescencia eran las que Virginia Woolf se metió en los bolsillos para adentrarse en el río Ouse, un detalle que me obsesionaba, preguntándome si yo también me quitaría el peso de esta vida algún día, cuando la desconexión entre mi ser y el mundo se hiciera insoportable. ¿Dieron las piedras ese último lastre que Woolf buscaba, o fue un peso distinto lo que la sumergió y llevó río abajo? Yo veía una pista en aquello, una terrible señal para mi futuro.

Hoy en día, las piedras me recuerdan lo mucho que he avanzado, y cuánto peso soy capaz de aguantar sin hundirme. Las llevo en los bolsillos para recordar la simple maravilla que puede darme la tierra si estoy dispuesta a parar y examinarla entre los dedos. Desde entonces, he encontrado mis propias amonitas en las playas cercanas a Staithes, y un diente de tiburón en Reculver. Tengo una huella de coral de los acantilados de caliza en Botany Bay y un fósil de arenisca que saqué de la playa de Pevensey, con una mancha alargada que estoy casi segura de que es una hebra de hierba, pero que a veces, en momentos de romanticismo, me parece el ala de una libélula.

Guardo mi colección en un cajón de mi despacho. De vez en cuando, la saco y se la enseño a algún desgraciado que muestra interés. Pero casi siempre tengo un espécimen o dos sobre el escritorio, para ponerlos sobre mi mano. En ese instante, un fragmento del encantamiento de la infancia vuelve. Hay contacto.

Cuando llego al nuevo parque del pueblo, me sorprende encontrar que se ha convertido en un prado. En invierno, solo había hierba corta y triste, pero ahora la veo alta, plagada de cardo y molinillos, silbando con la brisa que sopla en lo alto de la colina. Hay mariposas, el zumbido de grillos y abejas, y jilgueros revoloteando. Este aire está vivo. Cierto, no es estar en plena naturaleza. Sigo viendo los tejados de las casas cercanas, y el gemido de la carretera principal está presente en todo momento. Pero se oye más el susurro de la hierba y, a lo lejos, atisbo el mar: hoy está azul aciano. No hay ni un alma aquí arriba.

Lo último en lo que me fijo entre tanto movimiento es en las piedras. Las ocho están erguidas formando un círculo, y hay una en el medio que me recuerda a un altar de sacrificio. Llegan a la altura de la cintura y están labradas en roca gris, con vetas de color blanco y óxido. Cada una tiene una forma distinta (una es triangular, otra, casi cuadrada) y la variedad hace que parezcan un grupo de personas diminutas, esperando silenciosamente a que algo ocurra. Al tacto, la superficie sigue pareciendo recién cortada, como si fueran de caliza y estuvieran mudando de piel. Aún puedo sentir en ellas la violencia de la cantera, su reticente separación de la tierra. Los años las suavizarán a base de desgaste, grabando en ellas información diferente. Sin embargo, la hierba empieza a crecer a sus pies, y ya casi parecen sentirse en su casa.

Alguien ha rendido culto aquí. Veo símbolos sobre las piedras, aunque algo desvanecidos ya: el yin y el yang en una, el sol en otra. Con la brújula de mi móvil, compruebo su alineamiento y veo que apuntan al amanecer de la mitad del verano. Hay restos de un fuego dentro del círculo. Se están creando nuevos significados (o nuevas versiones de significados antiguos). Aún son inescrutables, pero me alegro por las piedras de que alguien las visite. No quiero que se sientan solas, estas figuras pequeñas y peculiares. Me siento en la del medio y bebo de mi botella de agua, y de repente me entra la necesidad de quitarme los zapatos. Siempre lo hago cuando voy a la playa, así que, ¿por qué no aquí, sobre la blanda hierba?

Miro por encima del hombro para comprobar que sigo sola y me desabrocho las sandalias. El suelo está fresquito, y empiezo a caminar descalza, lenta y cuidadosamente, para dar cada paso como debe ser. Este lugar parece seguro. Da gusto ver cómo la hierba crea formas abstractas al mecerse y ondear, batida por el viento. Hay muchísimas mariposas. Por primera vez en mucho tiempo, noto que mi atención se asienta, en este lugar de infinitos detalles, con capas y capas de vida desplegadas ante mis ojos. Pienso que estoy descansando. Es distinto a no hacer nada. Descansar así es algo activo, elegido, despierto, algo poco habitual y valioso.

Las piedras están un poco cohibidas, pero son solidarias. Se juntan atentamente a mi alrededor, con la cabeza ladeada para escuchar. Este lugar tiene una cierta amabilidad, transmite paz. Yo no he traído más que dudas, cinismo y falta de fe, y he encontrado algo que no esperaba. Las piedras me han ofrecido gracia a cambio de mi duda. No tenían respuestas, ni tampoco sabiduría milenaria que infundirme cual medicina. Aquí sentada, siento que me ofrecen un intercambio de presentes, un lugar donde puedo traer mi ser afligido y convertir su confusión en una ofrenda que dará forma a las piedras, las desgastará, empezará a esculpirlas con esa vida que aún han de alcanzar plenamente. La piedra tiene memoria, igual que el barro; somos nosotros, los seres humanos, quienes a menudo nos hacemos pedazos.

He perdido la cuenta del tiempo que llevo sentada en el altar central, y de pronto noto un movimiento en un extremo del campo, y veo una mujer al borde del bosque. Ella intenta no mirarme, pero sé que está esperando su turno. Puede que le dé tanta vergüenza como a mí necesitar un poco de tiempo entre estas piedras nuevas, cuyo significado aún no ha santificado el tiempo. Me vuelvo a abrochar las sandalias y, al pasar junto a ella, asiento, haciendo como si ambas estuviéramos de paseo en vez de peregrinando, como si ninguna de las dos anheláramos algo.

Hierofanía

Cuando era pequeña y terminábamos de comer, mi abuela solía sentarse a comer una naranja, y la paz se hacía en toda la casa.

En una vida sin ritos, aquello era lo más parecido que teníamos: se sentaba en su sillón Chesterfield verde, cuyo cojín estaba tapizado con una tela brocada ya vieja y deshilachada, y se ponía un trozo de papel de cocina sobre el regazo. Luego empezaba a masajear la naranja, moviéndola entre sus nudillos protuberantes hasta que la piel se separaba de la fruta, antes de pincharla con la uña del pulgar y pelarla metódicamente.

Aquello era lo más parecido que hacía a rezar, sentarse reverencialmente a la luz de la tarde, mientras iba quitando las sedas amarillas de piel blanca y comía, escupiendo alguna pepita de vez en cuando. A veces me ofrecía un gajo, pero no siempre; aquel era su momento, su placer, y, de todos modos, yo nunca llegué a entenderlo. Las naranjas me parecían de lo más común, algo normal y corriente que comía porque me insistían y solo con una cucharadita de azúcar. Lo que a mí me encantaba eran los lichis con su armadura rosácea, y las fresas también, cuando estaban lo bastante maduras. Pero las naranjas eran rutinarias, cosas de la compra de cada semana. A diferencia de mi abuela, yo nunca interpreté su presencia como símbolo de abundancia. No había vivido una época en la que escasearan.

Sin embargo, ahora, esos momentos cobran intensidad en mi recuerdo, son un espacio sagrado. Veo la relativa oscuridad de la habitación y el jugo de naranja saliendo pulverizado contra la luz de la ventana; huelo el aroma cítrico que va llenando el aire silencioso entre nosotros. Me gusta regresar allí en mi mente, imaginar que vuelvo a estar en aquella habitación. A veces, clavo el pulgar en una naranja solo para olerla, y me lleva allí: a la paz, al espacio de una tarde sin prisas, a la calidad de esa atención a las cosas pequeñas.

Mircea Eliade acuñó la palabra hierofanía para describir el modo en que lo divino se nos revela, transformando los objetos a través de los que actúa. Al convertir un árbol, una piedra o una oblea de pan en objeto de nuestra atención reverencial, la transformamos en una hierofanía, en un objeto de lo sagrado. Para el creyente, esto significa revelar la realidad absoluta, no proyectar algo fantástico sobre ella. La hierofanía es la experiencia de percibir todas las capas de la existencia, no solo ver su apariencia superficial. La persona que cree, ya sea en un animismo antiguo o en una compleja religión moderna, vive en un mundo intensificado, al haber recibido una especie de llave sobrenatural para ver la maravilla en lo cotidiano. «Para aquellos que tienen una experiencia religiosa —decía Eliade—, la naturaleza en su totalidad es susceptible de revelarse como sacralidad cósmica. El cosmos entero puede convertirse en una hierofanía».

Eliade escribía ya en 1957 que el mundo en que vivimos había perdido sus hierofanías y todas las cosas formaban parte de la misma realidad insípida. Lo numinoso había dado al mundo «un punto fijo, un centro» y, sin él, nos quedamos con un lugar roto, «un universo deshecho, la masa amorfa de una infinidad de lugares más o menos neutros». El significado se había escapado poco a poco, dejándonos sin nada más que las exigencias de la sociedad industrial en un lugar de profundidad.

Y, sin embargo, los seres humanos (figuras trágicas en la imaginación de Eliade, que vagan sin propósito a través de un paisaje que han decidido destruir) no pueden evitar sentir la necesidad de santificar elementos de la vida. Hay una especie de necesidad atávica en nuestro interior, un impulso de imbuir significado mágico a los lugares, convertirlos en terreno santificado. Puede ser el lugar donde nacimos, la casa donde crecimos, la cafetería donde conocimos a nuestra pareja. Estos lugares se convierten en pobres imitaciones de los pozos sagrados o los recintos que en su día albergarían fuentes inagotables de significado.

No estoy con Eliade en esto último. Yo no creo que ahora seamos más pobres a la hora de crear significado, ni que la religiosidad de generaciones pasadas (a menudo obedientes e indiferentes) sea más verdadera necesariamente. Sí admito que me atrae su visión de nuestros antepasados viviendo un mundo que en sí mismo era una hierofanía y viendo significados profundos en todo lo que tocaban. Me parece que la suya era una forma muy distinta de conocer, engastada en el cuerpo, no separada de la mente, y esencialmente más compleja que nuestros hábitos de pensamiento actuales. Imagina vivir en un paisaje donde cada punto de referencia revelara su mitología, grandes historias desarrollándose a tu alrededor mientras tú haces tus cosas cotidianas, trascendencia ocurriendo en tiempo real. Incluso en el día a día, sería imposible no reflexionar sobre las grandes preguntas morales y éticas de la vida, porque estarían presentes, serían inevitables. A lo largo de una vida, abordaríamos esas ideas de mil maneras distintas. Nuestros lugares más conocidos se convertirían en mapas, mapas de mitología y sabiduría, floreciendo a nuestro alrededor como fractales, invitándonos a un compromiso aún más intenso con el significado.

Dos días antes de que Inglaterra se confinara, Bert no fue al colegio. Empezaba a tener una tos seca y, aunque estaba claro que no era nada serio, yo quería hacer lo correcto. Pero había algo más. La pandemia seguía siendo un sueño febril. Parecía un rumor, y me preocupaba que la inestabilidad del momento le intranquilizara. Quería hablar con él antes de que lo oyera en las noticias, intentar contextualizarlo de manera que no le asustara. Quería decirle que aquello era más grande que cualquiera de nosotros, y que, aunque daba miedo, era una oportunidad de ayudar para él, de ser útil de un modo que los niños no pueden serlo normalmente. Que podía salvar vidas, simplemente no yendo al cole. Pero incluso eso me parecía darle demasiada responsabilidad. Más que nada, me preocupaba que tuviera un déficit de placer en las semanas que nos esperaban y quería ofrecerle un correctivo. Pensé en que se llenara de cosas maravillosas y las almacenara como una pila.

Tengo aquel día especialmente claro en la mente, aquella última bocanada de lucidez antes de tantos meses de niebla. Conducimos hasta el bosque más cercano, donde pretendo mostrarle los árboles en flor y las marcas de los dientes de las ardillas en las piñas que desechan. Quiero pasar junto al túnel abandonado del tren, donde le diré que siguen hibernando murciélagos. Quiero que sepa que el mundo seguirá siendo suficientemente rico, sin todas las estructuras que han creado los seres humanos, que aprenda a conmoverse y consolarse con el bosque ancestral que tiene la suerte de tener en la puerta de casa. Algún día, cuando la vida empiece a escocer, anhelará su abrazo. Quiero que tenga eso. Yo lo descubrí por las malas, y quiero legárselo como un telar, junto con los nombres de las plantas que se amontonan a la vera del camino, y una idea de cómo se formó la tierra.

Sin embargo, Bert no tiene ningún interés por los capullos, las piñas ni los murciélagos dormidos. Prefiere sumergirse (de un modo bastante literal) en varios charcos profundos cerca del aparcamiento, chapoteando hasta que el agua marrón rebasa sus botas. Una época misteriosa se cierne sobre él, y Bert se aferra a los placeres que puede asir en este momento presente, ajeno a las limitaciones que llegarán muy pronto. Y yo, como de costumbre, me quedo rondándole, aturullada, urgiéndole a que no se ensucie la ropa para subirnos otra vez al coche.

44   Es una situación que se repite una y otra vez de maneras distintas entre nosotros. Le llevo a una reserva natural con ceras de colores y papel para recoger las huellas de las cortezas, y él los ignora porque prefiere correr entre los árboles haciendo ver que persigue pokémones. Yo intento poner nombre a distintos tipos de algas, y él juega con ellas y las arroja de vuelta al mar. Y lo que es peor, yo quiero pasar el día paseando por un lugar precioso, y él prefiere pasar la tarde en un ruidoso parque de camas elásticas con luces de discoteca y música rave, además de la constante amenaza de que se golpee la cabeza con otro crío.

Antes, la infancia era tener mugre bajo las uñas. Ahora tienen gel hidroalcohólico. Gran parte de lo que hoy ofrecemos a nuestros hijos es terreno poco profundo: las superficies de plástico brillante en centros de juego blandos y tantos juguetes cuya función es tan específica que pierden interés a los pocos minutos. El terreno poco profundo no tiene nada bajo lo que ves. Es todo del mismo color primario. No tiene nada que explorar e investigar, nada que cambiar ni arreglar. Únicamente da lugar a la diversión, excluyendo cualquier otra emoción humana más cruda. Es clamoroso y fuerte, emite pitidos y explosiones simuladas, rebotando el sonido en sus brillantes acabados. Está pegajoso de los residuos azucarados que dejan las diminutas manos. Es cosa de la infancia nada más, incapaz de viajar contigo hasta la edad adulta. Tarde o temprano tendrá que quedar atrás, como un vergonzoso artefacto del pasado.

Sin embargo, yo creo que el bosque seguirá con Bert a medida que madure. Es terreno profundo, un lugar de infinitas diferencias y significados sutiles. Es un entorno sensorial completo, que susurra con sonidos que alimentan en vez de enervar, con olores que llevan información más significativa que «malo» o «bueno». Cada vez que te encuentras con él, es diferente, cambia con las estaciones, con el clima y los ciclos de la vida de sus habitantes. Está marcado por la historia y los mitos; sus profundidades tejen historias con facilidad. Está a salvo del rencor de los parques infantiles suburbanos y alberga peligros que no cubre ningún seguro. Si escarbas bajo su suelo, encontrarás capas de vida: frágiles redes de micelio, madrigueras de animales, raíces de árboles.

Si vienes con preguntas, recibirás respuestas, que no solución. El terreno profundo ofrece multiplicidad, caminos bifurcados, significado simbólico. Te educa en el compromiso, en la interpretación cambiante. Silenciará tu racionalidad y te hará creer en la magia. Aleja el tiempo de la esfera del reloj y revela la verdad más grande que hay en su funcionamiento, su circularidad y su inmensidad. Te muestra piedras de una edad impensable o explosiones de vida tan efímeras que apenas están ahí. Te enseña el lento avance de las eras geológicas, el cambio gradual de las estaciones, y las incontables microestaciones que hay en un año. Y también exige de tu conocimiento: de ese conocimiento que es empírico, que resulta del estudio. Si lo conoces, y lo nombras, el bosque te recompensará con más capas de información, con más revelaciones frustrantes de tu propia ignorancia. La profundidad es obra de toda una vida. Te seducirá, te alimentará y te sustentará durante décadas, para acabar demostrándote que tú también eres efímero, comparado con las rocas y los árboles.

Quiero que mi hijo habite terrenos profundos como un derecho natural suyo. Que aprenda pronto a recorrerlos con cuidado sin intentar poseerlos ni cercarlos, a disfrutar del tesoro de estos espacios compartidos, de su lugar en nuestra práctica colectiva y nuestra imaginación comunal. Quiero que se sienta insatisfecho en terrenos poco profundos, que anhele la complejidad. Por eso le llevo a esos lugares una y otra vez. Por eso insisto. Es urgente que lo aprenda. Es fundamental.

Seguimos andando, vadeando el barro de principios de primavera. Hablamos torpemente sobre esqueletos de hojas y árboles en flor, sobre la antigua red de senderos abiertos con setos que recorre todo el país. Cruzamos el cauce crecido que ha cubierto nuestro camino, y le pregunto si recuerda que, en verano, el agua no corre por ahí. Dice que no está seguro, lo cual interpreto como que le da igual.

Pasado un rato, dejo de intentar enseñar y simplemente trato de compartir mi punto de vista.

—Hay árboles —le digo— a los que tengo que saludar cuando paso por su lado. ¡Mira este! —Me acerco a un grueso abedul cuyo tronco parece trenzado prácticamente y paso las manos por su corteza—. Es tan bonito, que me parecería maleducado pasar por delante sin más. —Bert me mira de reojo, pero hay humor en su mirada, y en ese momento la noto: es la fuerza del silencio dentro de él, superando todo lo demás.

La conozco perfectamente, pero yo suelo tardar más en encontrarla. Cuando paseo, atravieso tres capas de experiencia. La primera está en la superficie de mi piel, la respuesta inmediata de mis sentidos. A menudo es nerviosa e incómoda, porque me rozan las botas, tengo una ramita en el calcetín o llevo la mochila descuadrada en los hombros. En esa fase, camino haciendo pausas constantemente, limitada por una interminable serie de reajustes. Nunca estoy segura de si quiero seguir hasta el final. Pero, si persisto, esas sensaciones acaban por desaparecer, y en su lugar surge un pensamiento efervescente, un torrente de ideas y perspectivas nuevas, una sensación de alegre parloteo en la mente. En ese punto del paseo, el interior de mi mente está exuberante, es un lugar tan placentero que no quiero que mis piernas se detengan. Es un espacio creativo, un lugar donde los problemas se resuelven de formas inimaginables, y las respuestas llegan como verdades que siempre he sabido.

Si sigo andando, eso también desaparece. Tal vez sea por una bajada de azúcar, o porque el cerebro de palomitas acaba desgastándose, pero, en cierto momento, paso a un estado de ánimo muy distinto, un lugar más allá de las palabras, donde me siento callada y vacía. Esa es mi fase preferida, un espacio abierto donde no soy nada durante un rato, solo una existencia con extremidades en movimiento y un mapa en la mano, cuyos pies ya conocen el camino y no necesitan que interfiera. Aquí no pasa nada, o al menos eso parece. Pero en su estela encuentro mis pensamientos más profundos, cambios fundamentales en significados e interpretaciones que forman la base de lo que soy. En ese estado, soy una puerta abierta.

¿Veo esto en Bert ahora mismo? No. Todavía no. Pero reconozco el modo en que el paseo le lleva hacia el silencio. Yo también estoy más silenciosa. Está completamente absorbido por ese tipo de atención, su paz es como una nube a su alrededor, tangible y contagiosa. Como es habitual, ha llegado a ese estado antes que yo, de un modo más directo y con menos ansiedad. Tiene un mapa para llegar a este lugar y no necesitaba mi ayuda.

Al cabo de un rato, no puedo resistirme y digo:

—¿Se está bien ahí dentro, en tu cabeza?

Una pausa. Se gira lentamente hacia mí, parpadeando mientras vuelve a la superficie.

—A veces siento que me crecen ramas de la cabeza —contesta.

—Ya —digo yo, feliz con este nexo de unión—. ¡Sí! Sé exactamente lo que quieres decir.

—Y cada vez que me hablas, cortas una.

49

En *Orwell's Roses*, Rebecca Solnit habla de la palabra etrusca *saeculum*, que describe «el período vivido por la persona más anciana presente, que a veces se calcula en torno a los cien años». Puede entenderse como memoria viviente, el alcance del contacto que tenemos con cada era que pasa. «Cada acontecimiento tiene su *saeculum* —dice Solnit—, y después su atardecer».

Entre la vida de mi abuela y mi vida hasta el día de hoy, ya conozco un período de cien años, mi *saeculum*. Lo imagino como un círculo trazado a mi alrededor, que marca mis conexiones con el pasado y aquello que ofrezco al futuro. A menudo siento que necesito tender un puente sobre este espacio para Bert, creando un camino entre tiempos pasados que difícilmente puede imaginar y un mundo feliz donde todo parece posible. Creo que es mi responsabilidad explicarle que antes vivíamos sin ninguno de los accesorios electrónicos que se acumulan a su alrededor, que jugábamos sin ayuda digital, que nos aburríamos a menudo y no hacíamos nada, que siempre vivíamos con algún miedo, que siempre nos tenían separados, y que la escuela siempre era difícil, probablemente mucho mucho más que ahora. Quiero que sepa que a mi abuela la caligrafía le costaba tanto como a él, pero que a ella solían pegarle con una regla en los nudillos cuando no entendían lo que escribía. Y que, sin embargo, yo adoraba su letra en las tarjetas de cumpleaños y en las listas de la compra, que era lo que importaba, y miraba sus nudillos con veneración cuando masajeaba la piel de las naranjas.

Pero eso sería cortarle las ramas. Mi hijo tiene que crear su propia tierra sagrada. Tiene que encontrar sus propias hierofanías, a su manera, sin que yo interfiera. Los lugares sagrados ya no nos vienen dados, y raramente se comparten entre comunidades enteras. Ahora, son receptáculos para nuestro conocimiento, nuestros significados. No se trasladan de una mente a otra. Es nuestra responsabilidad guardarlos.

Quítate los zapatos

Cuando aprendí a meditar, aprendí que primero tenía que quitarme los zapatos.

En aquel momento, no era tan sencillo como parece. Yo vivía con mi marido, H, en una casa de alquiler en primera línea de mar, cuyo propietario había hecho una fortuna fabricando coches deportivos personalizados. Según el agente inmobiliario, él pasaría la primavera y el otoño en las exuberantes tierras bajas de East Sussex, el invierno en Australia, y solo volvería a Whitstable en verano, cuando podía empaparse de sol en el jardín trasero con vistas a la playa. Para nosotros era un chollo, porque nos dejaba barata la casa de octubre a mayo, y estábamos encantados allí. El hecho de que hiciera un frío espantoso durante esos meses nos daba igual. El edificio era del siglo XVIII, conservaba las ventanas originales (léase: sin doble acristalamiento) y todas sus chimeneas estaban entabladas. Sí tenía varios radiadores, pero aparentemente eran de los años setenta, cuando escaseaba el cobre, de modo que las tuberías tenían un cuarto del calibre habitual.

La caldera funcionaba bastante bien, pero el agua caliente salía con cuentagotas por aquellos radiadores que apenas mitigaban el frío.

Sin embargo, eso tampoco nos importó: ambos habíamos crecido en casas frías y, al cabo de un tiempo, nos acostumbramos a ver la tele con un montón de mantas encima. Yo ya tenía la costumbre de trabajar con mitones y un chaleco acolchado. Cuando estoy mucho tiempo sentada, me quedo fría, sea como sea la calefacción. Además, las vistas merecían la pena. Si te dabas un baño para entrar en calor, al mirar por la ventana se veía el mar a pocos metros, y en invierno no había nadie que pudiera verte.

Eso sí, la idea de quitarme los zapatos y sentarme durante media hora no era demasiado apetecible. A veces conseguía hacerlo con calcetines gordos, pero para cuando terminaba de meditar, los pies se me habían quedado helados. A medida que los meses se hacían más cálidos, me acostumbré a la idea. Era una exigencia mínima, un gesto que marcaba un cambio en mi día. Parecía lo mínimo que podía hacer. Los zapatos son cosa del mundo exterior, parte del artificio que todos adoptamos al salir por la puerta. Son más que una protección contra las piedrecillas, la suciedad y los cristales rotos. Cuando vuelves a casa, te los quitas. Lo haces para mantener el suelo limpio, pero también para demostrar que confías en que ese espacio te va a tratar con amabilidad. Lo haces para estirar los dedos de los pies. Al quitarte los zapatos, muestras un poco de tu interior, tus calcetines con tomates y los talones desgastados. Te desprendes de tus efectos mundanos en señal de respeto al confort de la casa. Y ese mismo respeto, esa revelación de imperfecciones, lo ofreces al meditar.

Descalzarse también es un acto de contacto. Creas un vínculo sensorial directo con el suelo bajo tus pies. Es humilde en el sentido etimológico de la palabra: «de la tierra». Cuando te quitas los zapatos, conectas con la tierra. Sientes cómo fluye la información entre la gruesa piel de la planta de los pies y el suelo, que parece contestar. Yo, que siento una corriente con todo lo que toco, noto un cosquilleo dondequiera que pongo los pies. Pero tengo que parar para notarlo. La corriente que recibo de la gente es mucho más intensa, pero puedo apartar mi atención de la carga del mundo inanimado, siempre más sutil. La mayor parte del tiempo no la noto. Pero, cuando me detengo y presto atención, está ahí. Cuanto más pequeña sea la llamada-y-respuesta, mayor es la magia. Tienes que absorberte para sentirla. La cuestión es elegir, guiar tu atención hacia algo tan diminuto. Estás eligiendo percibir las voces más suaves, las sutilezas de la experiencia.

Una de mis meditaciones favoritas consiste en caer a través de capas de sonido. Empiezas preguntándote qué puedes oír, y entonces lo absorbes por completo durante un rato. El murmullo de fondo del día a día se abre y se separa, pasa a estar formado por muchas acciones distintas, muchas vidas distintas que surgen a tu alrededor mientras tú haces tus cosas despistada, creyendo que estás sola. Pero cuando has oído todos esos sonidos, intentas escuchar lo que hay tras ellos, y encuentras ruidos más suaves que están al límite de la percepción, o aquellos que son tan rutinarios para tus oídos que tu cerebro ni se molesta en fijarse en ellos. Y entonces bajas todavía más, aunando los sonidos superficiales y los que están debajo de ellos, y preguntándote qué más hay. Es como pelar el espacio, quitarle capas hasta encontrar bajo todo ello una especie de silencio donde puedes estar. Ese sigilo siempre está ahí, pero cuesta percibirlo. Hay gente que asegura poder oír el sonido de la creación detrás de él. Yo aún no lo he encontrado, pero tampoco hace daño preguntarse si alguna vez lo oiré. Como dice Lorin Roche en *The Radiance Sutras*, su preciosa traducción del *Vijnana Bhairava Tantra*, los que escuchamos quedamos «absortos en la enormidad / como la canción de las estrellas al brillar».

Nos quitamos los zapatos o encendemos los oídos. Juntamos las manos en señal de oración o recuperamos la capacidad total de nuestros pulmones. Puede que hasta nos crucemos de piernas en el suelo, o que bailemos, caminemos o nademos. Cuando queremos huir de la superficie, activamos nuestro cuerpo, y este nos muestra una inteligencia distinta, apuntando a una mente que no solo reside en la cabeza. Nuestro conocimiento está repartido por nuestro interior, distribuido entre músculos y huesos, palpitando en nuestros órganos y transportado por la sangre. Ponemos los pies en el suelo para escuchar con todo el cuerpo.

No todo lo que sabemos es verbal. Gran parte de ello (a veces creo que la inmensa mayoría) es somático, cosa del cuerpo. Lo aprendí con más intensidad siendo Bert un bebé, cuando me estiraba hacia él en el asiento trasero del coche durante largos viajes y notaba su piececillo apretando la palma de mi mano en respuesta. En esos momentos había una comunicación que llegaba mucho más allá que las palabras y que era mucho más reconfortante para ambos. Cuando le sentaba en mi regazo y le besaba en la cabecita, era consciente de que nos estábamos intercambiando información, transmitida a través de mis labios y recibida por mi nariz. No podría deciros qué decía. Nuestros cuerpos tienen respuestas a preguntas que no sabemos plantear.

Para acceder a estas cosas, mantener esa conexión con el mundo que nos rodea y conocer a través de nuestro cuerpo, solo tenemos que seguir ejerciendo ese sencillo contacto entre nuestra piel y las texturas que la rodean. Tenemos que resistirnos a la tendencia de nuestra mente de decirnos que ya hemos terminado de asimilar esa experiencia, que es una idea fija que podemos meter en una caja para subirnos sobre ella y pasar al siguiente hito. Debemos encontrar la humildad para estar abiertos diariamente a la experiencia y permitirnos aprender algo.

Y eso es más fácil de decir que de hacer.

55

Y

«Ve a los límites de tu anhelo», dice Rainer Maria Rilke en *El libro de horas*. Esas son las palabras que según él escuchamos tenuemente al ser creados y arrojados a este mundo. Las susurra un Dios que a menudo puede parecer ausente, pero que de hecho está esperando a que sintamos la proximidad divina.

El Dios de Rilke quiere fluir por nuestro interior como agua a través de un caño. Es un encuentro que solo se halla en los límites de la experiencia, en «belleza y terror», en la práctica de la pasión. «Enciéndete como una llama / y haz grandes sombras en las que / pueda desplazarme —se nos dice—. Encárname». Nuestra labor consiste en deshacer nuestros límites para dejar entrar a este ser ilimitado, permitirnos ser desbordados. No somos devotos pasivos. Ni siquiera somos conductos. Estamos intentando ser superconductores.

No todo el mundo cree en un Dios como el de Rilke, pero la meditación funciona de un modo parecido. Si tienes una práctica que seguir, creer se convierte en algo natural. Encuentras consuelo de una forma u otra. Lo difícil es rendirse. Puedes vadear amablemente la experiencia e intentar no sentir nada, pero esa no es la idea. Tienes que dejar que te abra en canal. Permitir que deje tu corazón latiendo al aire. A veces ocurre de manera involuntaria. La luz entra por accidente. El problema es mantener ese corazón abierto de par en par, vivir con la vulnerabilidad que conlleva. Es vivir la vida como un ser blando con la piel permeable. El problema es que, si vas a vivir así, tendrás que cuidarte.

El otro problema es que las heridas pueden sanar y las grietas cerrarse. Y la vida a menudo ya es demasiado dolorosa de por sí. A veces no queda otra que cerrarnos de nuevo, recoger velas, protegernos. Y casi nunca nos damos cuenta cuando eso ocurre.

Ahora que lo pienso, últimamente se me olvida poner los pies en el suelo. Aquí estaba, dando por hecho que yo era de los que lo hacen, pero no. Al principio me dije: «Bueno, pues no lo estoy haciendo todos los días». A veces, hay que hacer concesiones. Pero entonces me di cuenta de que tampoco lo hacía en días alternos, ni cada semana. Pasaban los meses, y no me estaba descalzando. No meditaba.

Mi meditación ya se había desgastado antes de la pandemia. Cuando aprendí la técnica, me enseñaron a sentarme durante veinte minutos, dos veces al día sin falta. De mí dependía en qué momento lo hacía, siempre que no fuera justo antes o después de dormir, ni tampoco después de comer. No sé qué dice de mí el hecho de que eso dejara pocos huecos en mi día, una vez añadía el trabajo y una vida social bastante tranquila. En aquella época, era lo suficientemente descarada y entusiasta como para ponerme a meditar en el rincón de un pub, en un banco de un centro comercial o en el tren de vuelta a casa, y aun entonces me resultaba bastante agobiante. Nunca me pareció tan flexible como me habían dicho, ni encajaba tan naturalmente dentro de mi ajetreada vida.

Después de nacer Bert, a menudo me parecía imposible. Los niños se despiertan temprano, y una vez arriba, hay que darles el desayuno y ayudarles a vestirse, además de la interminable arenga para que se pongan en marcha, pero, aparte de eso, valoran tu atención más que cualquier otra cosa. Por la mañana, no hay ningún momento en que pueda escabullirme veinte minutos sin interrupción en una habitación, así que (vale) he aprendido a meditar después de dejar al crío en el colegio. Pero, claro, eso me quita tiempo del trabajo. Una vez acabadas las clases, Bert necesita merendar y cenar, tiene deberes que hacer y preocupaciones de las que hablar, además de contarme hasta el mínimo detalle de sus soporíferos juegos de ordenador, bañarse, ver la televisión bajo mi supervisión e irse a la cama, que nunca es como lo pintan en la tele, con niños que dicen buenas noches y apoyan sus cabecitas obedientes sobra la almohada para quedarse dormidos tranquilamente. Y eso es antes de cocinar y cenar, y las tareas domésticas que hay que hacer sin falta cada día para mantener a raya el caos. Durante años, me avergonzaba de cómo estaba dejando de lado la meditación, de mi falta de entrega y disciplina, de mi incapacidad de organizarme para hacer algo que sabía que era bueno para mí.

Tuvo que pasar mucho tiempo para que me diera cuenta de que, tal vez, todo ese sistema estaba diseñado para los hombres: hombres a quienes otras preparaban la comida antes de llevarse a sus hijos sigilosamente, para que ellos pudieran entregarse a sus nobles objetivos espirituales. Me puse a pensar en mi formación, y recordé que nuestro profesor nos contó que dejó a su mujer e hijos para irse a la India a estudiar con el Maharishi. Decía que allí aprendió mucho sobre sí mismo. Estuvo varios meses solo en una cueva y se enfrentó a su alma. Fue duro, pero mereció la pena. No habría podido avanzar tanto sin haberse entregado completamente a la meditación.

Una mujer que estaba a mi lado levantó la mano.

—¿Qué tal lo llevó su mujer? —preguntó.

—Bueno, estoy seguro de que fue duro para ella —contestó—. Pero sabía que era importante para mí.

Me avergüenza no haberme dado cuenta de que situamos el desarrollo espiritual de un modo patriarcal, que los hombres reciben la iluminación mientras las mujeres cuidan de ellos, todo ello aguantando burlas sobre su meditación a medias que practican en los retales de tiempo sobrantes. Comprendo el valor de la tradición monástica, y entiendo que algunas percepciones solo pueden venir con la auténtica soledad, pero también veo claramente que pone el conocimiento masculino por encima del femenino, infravalorando la sabiduría de aquellas que por necesidad estamos ancladas en la vida diaria.

Yo ya estaba en ese punto antes de la pandemia; sabía que no podía adaptarme a prácticas creadas para una vida completamente distinta. Ya había reformulado, había cedido y encontrado formas de integrar breves meditaciones en días ocupados, de honrar la calidad de la atención que solo se produce cuando te encargas de las necesidades de otra persona, y a romper todas las reglas para encontrar la manera de meditar más tiempo cada vez que podía. Pero entonces vino el nuevo cambio, y con él, toda una serie de limitaciones y distracciones. Todos en casa a la vez, todos estresados, sobrepasados y asustados. H se quedaba en casa, pero esperaba seguir trabajando ocho horas consecutivas cada día, dedicándole toda su atención. También ocupaba mi mesa. Y yo tuve que adaptarme.

Solo tenía las primeras horas de la mañana y el final del día, cuando ya estaba exhausta, además de sábados y domingos (en teoría). No tardó en hacerse evidente que Bert necesitaba la sensación de seguridad que le daba pasar el mayor tiempo posible los tres juntos, comiendo, paseando, con juegos de mesa o viendo películas en la televisión. Necesitaba que parte de su vida no pareciera sumida en un estado de emergencia. Y yo lo entendía perfectamente. En aquellos meses, muchas cosas se fueron al garete, y lo poco que quedaba de mi meditación estaba entre ellas. Nunca me he peleado tanto con H. Algo salvaje salió a la superficie en los dos. Competíamos por recursos escasos, y el más valioso era el tiempo.

Pocas almas sabias que hayan dedicado años a contemplar la estructura del cosmos podrían decirnos cómo practicar la meditación en este tipo de circunstancias. Yo quisiera que viniesen a aprender lo que yo sé, y lo que podrían contarles muchas otras almas pacientes. Quisiera que experimentaran la disciplina de verse permanentemente apartada de tu interior, de sentir en todo momento que el trabajo de la mente y el cuerpo están fuera de tu alcance. Tendrían que vivir el agotamiento, la frustración y el aislamiento, y elegir una y otra vez cuidar incondicionalmente a alguien, en lugar de marcharse. Quisiera que se esforzaran por alcanzar la disciplina mental y física que exige levantarse de la cama en plena noche y mostrar ternura en vez de furia. Quisiera que entendieran que no sabrán nada hasta que hayan tenido que aplazar interminablemente lo espiritual y vivir de lejos el consuelo de la contemplación.

Debemos luchar por nuestra capacidad de prestar atención. No es algo que nos venga dado. No se reafirma como una necesidad hasta que ya es demasiado tarde. Yo apenas empiezo a comprender que mi agotamiento fue el resultado de varias pérdidas, cada una de las cuales me parecía tan pequeña que las consideraba insignificantes. Abandoné conscientemente mis

61

ratos de meditación porque pensaba que sería
vanidoso exigirlos. Dejé de leer, de pasar tiempo sola, de darme largos baños calientes y de
pasear; abandoné el silencio y dejé de salir al
jardín al amanecer. Permití que todos estos momentos se vieran sobrepasados por el trabajo y
por cuidar de otros, y me sorprendió descubrir
que, sin ellos, no quedaba nada de mí.

El Dios de Rilke dice: «No te permitas perderme». Me siento un poco engañada por este
verso. Para empezar, tengo que aprender a evitar
la pérdida. Necesito instrucciones para volver a
sentir el encantamiento.

Cuando era pequeña y viajábamos en coche
por la noche, miraba por la ventanilla y pensaba
que la luna nos seguía. Desde mi perspectiva pri-
vilegiada, parecía perseguirnos sin aliento por el
cielo, tratando de mantener nuestro ritmo. Más
tarde descubrí que simplemente era tan grande
que parecía como si estuviera en todas partes, y
yo una enana con un sentido desmesurado de mi
propia importancia. Aun así, me daba la impre-
sión de que la luna tenía cierta lealtad. Era como
si se interesara por mis necesidades, preguntando preocupada. Y a veces tenía la sensación de
que necesitaba su mirada.

A medida que fui haciéndome mayor, noté su
manera de crecer y menguar, y empecé a remo-
delarla en mi mente: tal vez fuera como yo, que

a veces estaba entera y llena de fuerza, y a veces me disolvía en el espacio, cambiando de forma constantemente, inquieta. Para entonces ya no creía ser el centro del universo, y por eso sentía que la luna también necesitaba que me fijase en ella. Nuestra relación era recíproca. Cuando salía afuera de noche, nos veíamos, y eso era todo cuanto tenía que pasar. No podía pedirle nada a la luna, pero entre nosotras había una especie de intercambio de información de dos entidades que saben lo que es aguantar el cambio constante.

Últimamente he retomado mis silenciosas conversaciones con la luna. Cada noche salgo al jardín cuando todos duermen e intento transmitir mi profundo deseo de recuperar mi antiguo yo, de que el tiempo no actúe y tan solo exista, de volver a sentir curiosidad, sin tener la sensación de que solo lo hará todo más difícil. Parecen nimiedades, cuando hay tanto sufrimiento en el mundo, pero detrás de ellas está la enorme red en la que me siento encastrada. Mi madre está en otro país y tiene una salud frágil. Mi marido está luchando por algo más grande que simplemente cumplir con su jornada laboral, una infelicidad que parece írsele de las manos. Mi hijo me dijo hace poco que no recuerda cómo era la vida antes de la pandemia y los confinamientos; ahora forman parte de su conocimiento básico de cómo funciona la vida. Así que lo que realmente le digo a la luna es que desearía saber cómo mantener a salvo a mi gente. Desearía saber qué hacer.

La luna es una confidente maravillosa, pero tiene sus limitaciones. El peligro, cuando siempre es inminente, acaba haciendo daño. De hecho, no hace falta que se materialice. Estar mirando constantemente por encima del hombro agota. Tu cuerpo se prepara para luchar y nunca llega a deshacerse de ese cóctel químico, y lo canalizas en rabia y autocompasión, ansiedad y desesperanza. Lo desvías hacia el trabajo. Pero, en realidad, lo que haces con cada fibra de tu ser es vigilar. Estás incesantemente alerta, hasta la extenuación. No te atreves a bajar la guardia por si el peligro aprovecha tu falta de atención. He olvidado lo que es tener espacio en la cabeza para algo que no sea vigilar. Durante mucho tiempo, seguí trabajando (enseñando, mandando artículos, escribiendo informes editoriales) y para mí era como un bote salvavidas. Pero cada vez se hizo más difícil. Notaba una especie de niebla cerniéndose sobre mí, haciéndose con el timón.

Y una noche, al apretar el botón de mi cepillo de dientes eléctrico, su zumbido me indica que la batería estaba a punto de agotarse. El motor apenas puede mover las cerdas. Por primera vez lo veo claro: soy yo. Estoy sin batería. Llevo mucho tiempo perdiendo energía y no sé cómo recuperarla.

Despierto en plena noche y recuerdo algo que solía hacer. Bajo sigilosamente a saludar a la luna, me quedo sentada en la silla del jardín y me quito las pantuflas. Dejo que mis pies descalzos entren en contacto con las frías baldosas del patio y siento el cosquilleo del intercambio entre la tierra y yo, la inmediata reciprocidad. Cierro los ojos y dejo que mi mente se sumerja. Me libero de la obligación de buscar palabras y me permito sentir.

Me quedo allí, encarnada, inmersa en el alivio.

Ante la mirada vigilante de la luna, me pregunto cómo he podido olvidar esto.

Y me pregunto cómo voy a recordarlo.

AGUA

Desaprender

Sábado por la tarde, y el mar es una colcha de borreguitos. Estoy bastante sola. Desdoblo mi toalla y se vuela hacia un lado como una bandera. Tengo que sujetarla con piedras para que el viento no se la lleve. Esto me gusta. Demuestra mi audacia, mi atrevimiento. Camino descalza sobre los guijarros y rompo a reír cuando una ola casi me tira donde no cubre.

En mares bravos, el truco está en quedarse cerca de la costa, donde la acción de las corrientes al menos es predecible. Lo aprendí el verano pasado, un día que me alejé demasiado cuando el mar estaba picado y las corrientes me arrastraron por la costa sin poder evitarlo. Me costó mucho volver a tierra y, cuando por fin lo conseguí, el bochornoso paseo con el neopreno puesto hasta mi toalla y mi bolsa abandonadas se me hizo eterno. Mientras volvía, un hombre se me acercó.

—Te he visto ahí fuera —dijo—. Parecía que te estaba costando, ¿eh?

—Estaba bien —contesté con algo de descaro—. Yo siempre nado aquí.

Pero no era así. Estaba asustada y helada, me dolían las piernas de tanto patalear para ponerme a salvo. Sobre todo, estaba cabreada con él por notarlo. Quería regañarle por ver a una nadadora en apuros y no llamar a los socorristas, pero también sentía un inmenso alivio de que no lo hubiera hecho.

Si algo aprendí aquel día, no fue a evitar nadar con mucho viento, sino a evitar ponerme en ridículo delante de ese tipo de hombres que se sientan en la playa a beber cerveza y comentar. De vuelta al presente, sola y con viento racheado, me lanzo al mar y disfruto del violento subir y bajar del agua. Hay días en los que nadas y apenas parece que te mojes, y días en los que la nadada te empapa, el agua golpea tu cabeza y tu cara, se cuela por tu boca y tu nariz.

Hoy es día de empaparme, con la espuma abofeteándome sin parar y el viento metiéndose en mis oídos. Me balanceo en el agua como una botella, arrojada en todas direcciones. Me cuesta orientarme entre olas. Cuando estoy pestañeando para sacarme el agua de los ojos, otra me golpea, revolcándome otra vez. Y cuando por fin consigo aclararme la vista, veo inesperadamente que estoy al lado de una de las enormes estructuras de madera que dividen la playa en zonas, lo suficientemente cerca como para presentir cómo mi mejilla va a golpearse contra ella.

Me vuelvo, empiezo a dar pies torpemente para alejarme, pero el agua me vuelve a llevar contra las vigas. Sé que tengo que salir del agua, pero primero debo salvar el rompeolas, y no puedo. La marea está en retirada y, aunque cada ola me lanza hacia delante, también me chupa hacia atrás antes de llegar. Todo se mueve en diagonal a la playa. Esto es ridículo: tan solo estoy a unos metros de tierra firme, pero es dificilísimo alcanzarla. Me vuelvo y empiezo a nadar contracorriente, y creo que estoy avanzando. Tal vez sea un proceso pasivo. Tal vez, si logro mantenerme a flote, acabe en la orilla como un pecio. Muchos troncos llegan a la playa de ese modo; una vez, apareció hasta un sofá. Así que yo también puedo.

Pero entonces noto un dolor en las rodillas, y me doy cuenta de que estoy dando contra la madera. No estoy avanzando. Peor aún: voy hacia donde el viento me arrastra. Mi voluntad, mi deseo de reconectar con la dulce y firme tierra, es irrelevante. Vuelvo a empujar la madera para darme impulso, pero al instante golpeo otra vez contra una viga. El corazón me late en la garganta. Estoy jadeando del esfuerzo. Esto, este lugar, es mi amigo de toda la vida, pero también es más fuerte que yo y tan grande que no logro llamar su atención.

Si no soy capaz de salir a nado, tendré que trepar. Me dejo ir otra vez sobre la ola, y esta vez me aferro al rompeolas, cogiéndome a la parte superior con las dos manos y con los pies a los lados. De ahí, me impulso a tientas sobre una rodilla y avanzo a gatas con las rodillas ensangrentadas hasta llegar a tierra firme. Me siento sobre las piedras y me cubro la cabeza con una toalla. No sé si estoy temblando por el esfuerzo o de alivio.

Pasado el mal trago, curiosamente no me siento como una superviviente. Siento que he hecho el ridículo.

El chute asfixiante del cloro en el aire cálido, las baldosas granulosas, el chirrido desigual del cubículo del vestuario. Traje de baño, gorro, gafas. Una libra por la taquilla. Calcetines metidos en los zapatos, abrigo y bolsa apilados, llave girada, goma en la muñeca. Una ducha para aclararme.

Y estoy dentro. El agua está demasiado caliente, es demasiado azul, hay demasiada gente. Pero aquí es donde tengo que estar si voy a aprender a nadar de nuevo. Una vez por semana, el lunes a las seis y media de la mañana, me pongo en manos de Wendy, que está deshaciendo todos mis conocimientos de natación. Yo siempre he nadado, pero nunca aprendí la técnica. Siempre me pareció que lo hacía bien. Era una nadadora confiada. Sin embargo, últimamente he tenido que aceptar que tal vez me equivocaba.

Antes creía que tenía suficiente fuerza en las piernas como para salir de un apuro si me veía en la necesidad. Ahora no estoy tan segura. Ahora me quedo tímida en la orilla, evaluando el peligro de las corrientes y del frío, y esta prevaricación suele aconsejarme que no me meta. Podría decirse que es puro instinto de supervivencia, y es posible que mi intuición esté calibrándose mejor. No tiene nada de malo. Ahora bien, he notado que a menudo decido no nadar cuando otros de mi grupo lo hacen entusiasmados. Puede que signifique que son más tontos que yo (y creedme, me lo he repetido para ahogar la vergüenza de quedarme sola en la orilla). Una lectura más realista es que calibro mal o que me falta técnica. Necesito saber que puedo salir sola de los momentos impredecibles: esas corrientes submarinas que a veces te arrastran hacia el puerto, las tormentas rabiosas que entran sin avisar, la gente con motos de agua en verano que todos sospechamos se pone ciega en el pub antes de atravesar el estuario a toda velocidad. En esos momentos quiero estar segura de que mi brazada puede salvarme.

—El problema —le digo a Wendy cuando me pregunta por qué me he apuntado a su clase— es que no sé nadar a crol.

—¿A qué estilo nadas cuando te metes en la piscina? —pregunta ella.

—A braza —contesto—. La braza se me da bastante bien… —Hago una pausa, consciente del alcance de lo que acabo de decir a una instructora de natación—. Bueno, razonable. Puedo nadar durante bastante rato. —Estoy intentando agarrarme a algo, tratando de demostrar desesperadamente que no he sobrevalorado mis capacidades—. Puedo sumergir la cabeza y todo.

Wendy asiente.

—¿Nadas a espalda?

—Uy, sí —contesto—. Bien. —Vuelvo a ponerme tensa. No quiero decir bien como lo diría ella. Para Wendy, bien probablemente significa que no quedaría mal en una competición de natación. Para mí, bien es que me mantengo a flote, y tampoco me gusta demasiado.

—Es solo que, cuando nado a crol, me agoto a los pocos metros, y mientras estoy nadando, me da la sensación de que me voy a ahogar.

—Vale —dice Wendy, que tampoco es muy clara—. Vamos a ver esa braza. —Me meto en la piscina y me empujo del lateral, tratando de acordarme de no girar las piernas al dar la patada, preguntándome dónde deberían ir los brazos después de abrirlos a los lados. Al terminar en el otro extremo, Wendy dice—: ¡Venga, de espalda! —Me pongo boca arriba y empiezo a mover los brazos como un molinete, sin saber cómo colocar la cabeza. Desde luego, así no es; la he hundido demasiado y ahora me ha entrado agua por la nariz, lo cual hace que me desvíe metiéndome debajo de la corchera que separa las calles.

Suelto una risilla y enderezo el rumbo, pero ahora no puedo parar de reír. Soy ridícula. ¿Qué diablos hago aquí? La última vez que fui a clase de natación, tenía cuatro años. Después de negarme a sumergir la cabeza, la profesora me tiró un cubo de agua por encima, y mi madre me sacó de la piscina, indignada. Aquí estoy de nuevo, casi cuarenta años después, alardeando inexplicablemente de que puedo hacerlo (que puedo meterme bajo la superficie y soltar el aire), pero mis piernas se niegan a dar patadas como antes y mis brazos tampoco consiguen rotar en su glena porque me los he fastidiado después de tantos años sentada ante un ordenador, escribiendo.

Cuando llego a la parte menos profunda, Wendy dice:

—Bueno, parece que te lo has pasado bien. ¿Probamos el crol?

Respiro hondo. Venga. Me lanzo hacia delante con los brazos proyectados en forma de flecha, e intento cortar el agua con ellos, uno tras otro. Cada tres salpicones, ladeo la cabeza para respirar. Tenso las piernas e intento que no sobresalgan del agua. Estiro el cuerpo para no hundirme por el centro. Una parte contraída de mi psique cree que llegaré al otro lado y Wendy aplaudirá diciendo que mi crol es perfecto («de libro», esas serán sus palabras), y que no necesito estas clases. «¡Vuelve a meterte en la piscina y trabaja esa fuerza! —dice la Wendy imaginaria—. Y ya que estás, ¡cree un poco más en ti misma!».

Pero ya estoy cansada, y solo llevo poco más de la mitad de la piscina. Levanto la cabeza de un modo poco ortodoxo para ver cuánto me queda.

—Ya casi estás —dice Wendy, y desearía que lo dijera de un modo que pudiera odiarla. Tal vez, si me echara un cubo de agua por la cabeza, el

75

cabreo sería justificado, y podríamos dejar todo esto de una vez.

Pero cuando llego a la barra de la parte profunda ya estoy jadeando, cojo aire codiciosamente y me quito el gorro para sacarme el agua de las orejas y sacudir la cabeza.

—¡Bien! —dice—. Vamos a empezar con el crol y ya llegaremos a los otros dos.

Veinte minutos más tarde, cuando termina la clase, salgo con las piernas temblando. Siento como si apenas hubiera nadado. He estado yendo de un lado a otro de la piscina agarrada a una tabla y moviendo las piernas, lo cual es más difícil de lo que parece. He intentado deslizarme por la superficie del agua con una cosa llamada *swim buoy*, una boya con forma de yunque, agarrada entre los muslos. He intentado obedecer indicaciones de levantar más los codos; «no, más; no, ¡más!», y de estirar las muñecas y las yemas de los dedos al tocar la superficie del agua, y estoy bastante segura de que he fracasado, pero de momento Wendy ha dejado de mencionarlo por compasión. He tratado de integrarlo todo (torso, piernas, codos, muñecas), y al hacerlo he descubierto que ahora soy sustancialmente menos que la suma de mis partes. Doy diez brazadas y me doy cuenta de que he olvidado respirar. Tengo un dolor inexplicable en algún lugar detrás de las axilas. Estoy completamente deconstruida, no como nadadora: como ser humano.

—La próxima clase acabarás peor —dice Wendy alegremente mientras avanzo cojeando hacia los vestuarios—. En cinco semanas o así, puede que vuelvas a saber nadar.

Quiero levantar las manos y gritar: «Mira, vamos a dejarlo aquí. Está claro que nadar no es lo mío». Pero sé que sería mi ego. He perdido el equilibrio, como ocurre a menudo. Hace falta humildad para superar un proceso así, y eso es lo que ahora mismo estoy intentando reunir en mi interior. Si quiero nadar mejor, tengo que no saber nada (no ser nada) durante un tiempo. Necesito ponerme en manos de otra persona y dejar que me reforme. Necesito abandonar esa parte de mí que ya lo sabe todo, la parte que cree que lo hago bien, la parte que quiere que todo el mundo crea que soy perfecta.

Más que aprender, estoy desaprendiendo.

77

Es extraño esto de desaprender. No soy principiante. Yo estoy más atrás todavía, lastrada por el trabajo de olvidar lo que creía saber. No es cuestión de pensamiento solamente, de sustituir viejos datos por otros nuevos. Estoy peleándome con mi propia memoria muscular, tratando de deshacer mi idea corporal de lo que es nadar. Atemorizada y decidida al mismo tiempo, vuelvo a la piscina cada semana, y mi brazada es cada vez más caótica. Intento deconstruirla en sus distintas partes, y cada una de ellas es posible, pero juntas, no. De hecho, cada vez que me sale una, las demás se descompensan.

No sé si esto se puede hacer de forma gradual. Más bien, creo que tengo que acudir sin falta y esperar una revelación. Eso es lo que parece ocurrir en mi clase: un día, un compañero lo hace tan mal como yo, y a la semana siguiente, de pronto, le sale una brazada ágil y empieza a surcar el agua como la seda. De vez en cuando, lo presiento en mi propia nadada. Por unos suntuosos instantes, mi mente y mi cuerpo cooperan, y siento esa ligereza, esa sensación de que muchos ritmos se sincronizan en algo que podría parecerse a fluir. Pero no tarda en desmoronarse. Mis distintos ritmos están minuciosamente desincronizados. Pueden acompasarse unos segundos, pero luego vuelven a separarse.

Mi aprendizaje es como el balanceo de un péndulo, da tumbos de un extremo a otro, pero poco a poco va estabilizándose. Cada vez me salen mal menos cosas, y empiezo a entender lo que hay que hacer. Una semana maravillosa, una sola, nado toda la clase con las piernas y los brazos compenetrados, y al final Wendy se inclina sobre el borde y me dice:

—Creo que lo has pillado.

Me voy a casa esperanzada de ser por fin nadadora. Empiezo a preguntarme si debería apuntarme a algo grande, una carrera o una travesía larga, para asegurarme de que sigo avanzando hacia mi objetivo. Y entonces, cuando todo mi ser está en la cúspide de algo nuevo, cierran todo.

En los tensos y preocupados meses de pandemia que siguen, ni siquiera se nos permite meternos en el mar. Trato de convencerme de que mi aprendizaje ha quedado en suspenso, solo por el momento, pero mi cerebro va por libre. La idea de nadar golpea mi mente como olas cruzadas. Varada en tierra firme, no puedo parar de practicar los nuevos movimientos que mi cuerpo estaba empezando a conocer. Me pongo en el salón y enseño a mi familia mi nueva brazada; me inclino hacia delante y levanto los codos hasta que el antebrazo tiene que caer hacia mi cabeza. Estiro el brazo para agarrar el agua imaginaria. Les explico que necesito doblar el menisco en un ángulo de cuarenta y cinco grados para minimizar la fricción. Siento que mis piernas me piden dar patadas.

Me paso los días tarareando «Blue», de Joni Mitchell: «Puedes superar estas olas». De noche, nado en sueños. A veces, me desespero al sentirme peligrosamente incapaz de encontrar mi brazada, y mis brazos se mueven como marchas atascadas. Despierto con la sensación de que hago agua. Otras veces, surco las olas como un yate, todo mi cuerpo está sincronizado y produce una brazada ágil y eficiente. Me impresionan estos sueños. Parte de mi cerebro se ha adueñado del aprendizaje, trasladándolo de mi mente despierta a mi inconsciente, permitiéndome jugar con mis miedos y ensayar sin esfuerzo un patrón de movimientos que me

79

cuesta llevar a cabo en la vida real. Estoy inundada de todo ello, de la piscina azul, de la sed de aguas abiertas, de que se desvanezca una masa de conocimiento y otra la sustituya.

Sin embargo, esa sensación tampoco tarda en desaparecer. Al fin y al cabo, ya no estoy desaprendiendo a nadar solamente. Estoy desaprendiendo todo en la vida, y cómo solía vivirla. La pandemia trae consigo un desmoronamiento aterrado y caótico. No hay tiempo para enfrentarse a ella, solo de actuar. La acción forma una cadena continua que se extiende a lo largo de todo ese año, y más allá. Pasado un tiempo, ya no recuerdo cómo se hacía otra cosa. Igual que las clases de natación, una forma de conocimiento acaba adueñándose de la otra. Durante un sinfín de meses, este vivir con urgencia fue todo lo que era capaz de hacer.

Y así, cuando el viejo mundo conocido volvió (lentamente, vacilante, con paso inseguro), yo no sabía qué hacer con él. Lo había desaprendido demasiado. La piscina reabrió y mis amigos empezaron a reunirse de nuevo en la orilla, y allí estaba la posibilidad otra vez, brillando en el agua.

Pero yo estaba encallada. Me quedaba al borde del agua, con la reticencia flotando en mi interior. No tenía sentido, pero ahí estaba: el agua ya no era mi territorio. Había perdido la sal que antes parecía inherente a mi sangre. Nos reencontramos como desconocidas, sin saber cómo reconocernos.

Aquí estoy, desmantelada una vez más. Hay momentos en los que tenemos que afrontar nuestras pérdidas, sin ser plenamente conscientes de lo que se ha perdido. Tengo que encontrar la manera de volver a meterme en el agua, aunque solo sea porque recuerdo que una vez había encantamiento en ella, aunque solo sea porque, sin ella, no sé quién soy.

81

Las mareas

Cuando quiero sentirme pequeña, voy al mar con la marea baja.

Es una habilidad que te da la vida cerca de la costa, el saber instintivamente cuándo sube y baja la marea. Cuando paseas por ahí todos los días, absorbes sus pautas, cómo va cambiando de forma a lo largo de la semana. A veces puedes olerlas, ese hedor salado de las algas al aire que el viento arrastra tierra adentro o que queda atrapado en una niebla repentina. A veces las oyes a varias calles de distancia, ese sonido diferente que parece rebotar cuando hay agua. Siempre que paso unos días lejos del mar, pierdo el sentido de su ritmo, y me desoriento. Es como si perdiera el reloj.

Elijo cuidadosamente el momento de ir a la orilla. Lo que anhelo no es la masa de agua, sino su ausencia. Aquí en Whitstable, el mar se retira tanto que apenas se ve, dejando acres de barro en su lugar. Para mucha gente, esto representa un pico de desilusión en su día, pero para mí, no. A mí me gusta ir a la parte blanca de la playa, donde el suelo está formado fundamentalmente por trocitos de conchas de berberechos, y quedarme mirando el muro de East Quay. Es más, me gusta mirar esa línea verde que deja la marea alta, varios metros por encima del lecho desnudo del mar. Calculo el volumen de agua que hace falta para llegar a esa línea, saboreando la sensación del vasto flujo salobre que entra dos veces al día. Es imposible, claro; pero sucede como una mecánica elemental, tan sigilosa y suavemente que apenas te das cuenta. Si pasas medio día en la playa, descubres su amable poder, con esa manera de inundarte. Me gusta ir un poco más allá del borde firme de la orilla, hasta la parte que pronto quedará anegada. Es la zona intermareal, el espacio más liminal. Me encanta escuchar el ínfimo chorreo del agua que queda e imaginar el agua muy por encima de mi cabeza.

Alguna vez recuerdo que, en realidad, estoy viendo la fuerza de la luna. El sol influye sobre las mareas, pero poco; la cercanía de la luna a la Tierra y su mero tamaño hacen que las mareas visibilicen la gravedad. Con la rotación de la Tierra, el mar se estira hacia la luna, provocando una pleamar en su punto más cercano. Al mismo tiempo, se genera otra marea alta en el otro extremo del planeta, en el punto más alejado de la luna. Esto resulta un poco menos fácil de entender: en este caso, la luna no ejerce gravedad suficiente como para tirar del agua, y por eso la marea se hincha en dirección contraria, liberada de toda restricción.

84

Las mareas altas se producen cuando la luna está cerca y cuando está lejos, y las mareas bajas ocurren entre medias. El sol es un mero ayudante que amplifica la luna, pero ejerce una influencia real sobre nuestra percepción de las mareas. El día tal y como lo conocemos tiene veinticuatro horas, pero la luna orbita la Tierra en veinticuatro horas y cincuenta minutos, lo cual significa que, desde donde estamos, las mareas varían aproximadamente una hora cada día, moviéndose inquietas por la mañana y la tarde, como si trataran de eludirnos.

Hay dos olas gigantes viajando sin cesar alrededor de la Tierra, y vemos todo su volumen un par de veces al día. Apenas somos conscientes de la magnitud de lo que realmente está pasando, porque solo las vemos desde un lugar. Casi nunca nos paramos a pensar que las mareas nos unen al resto del planeta, y al espacio que hay más allá de este.

85

Sigo intentando convencerme de volver a meterme en el mar. Empiezo a entender que no es solo una costumbre perdida. El agua me tienta, pero su inestabilidad no. Y eso se debe a que yo también estoy inestable. Hace casi una década que padezco el síndrome de Ménière, una enfermedad causada por un exceso de líquido en el oído, y que suele provocarme una migraña cada dos meses, me deja mareada y con náuseas. Cuando eso ocurre, tengo unas pastillas que alivian los síntomas, y sé que tengo que tomarme unos días de descanso. Esto me generaba muchos problemas cuando trabajaba a tiempo completo, especialmente porque los brotes se desencadenan por el estrés y por pasar demasiado tiempo delante de una pantalla, pero últimamente no es más que un inconveniente. He adaptado mi vida a ella. Detesto los episodios, pero he hecho todo lo posible para asegurarme de que no ponen en peligro mi sustento. Es la mejor tregua que se puede conseguir cuando tienes una enfermedad crónica incurable.

Ahora bien, últimamente (desde que pasé la covid) todo parece haber cambiado. Siento el interior de los oídos constantemente hinchado y los tímpanos tan sensibles que puedo notar un portazo en el otro extremo de la casa. Me embisten ondas de presión de aire, como explosiones, cambios y titileos. Mi oído está lleno de eco, y he perdido el sentido de la orientación. Ya no sé de dónde viene el sonido, y a menudo me confundo porque oigo a Bert hablando desde otra habitación y descubro que está a mi lado. Hay momentos en que no sé si oigo algo hasta que no veo moverse los labios del interlocutor. Tengo los oídos hinchados. Todo mi cuerpo está como un globo a punto de estallar. Empiezo a fantasear con que un médico bondadoso me haga un agujero en el cráneo y el aire salga silbando (por lo que he oído, es bastante habitual en los pacientes de Ménière). El mero pensamiento, esa fantasía inalcanzable, ya es un alivio.

Lo peor son las olas de mareo. Tras años padeciendo esta enfermedad, ya conozco sus distintas fases. No siempre es una sensación de que la habitación da vueltas, aunque eso pasa bastante a menudo. Otras veces, parece como si la casa (no yo) estuviera desnivelada, y todos los muebles torcidos. Cuando estoy así, coloco una taza encima de la mesa y veo cómo se cae. Estoy más torpe de lo habitual, que ya es decir, y empiezo a pensar que debería haber alguna pensión para personas como yo, cuyas vajillas se rompen a velocidades alarmantes y que tienen todos los cojines manchados de té. Si salgo a la calle, la gente me dice que voy inclinada, ladeándome para corregir una fuerza invisible. Me duelen los músculos de la espalda de ir sujetándome, y a menudo noto la cara tensa por un esfuerzo del que ni siquiera soy consciente.

De noche, sueño frecuentemente que tengo brotes tan fuertes de Ménière que me quedo clavada al suelo, incapaz de mover los pies. Mi cerebro tiene una capacidad extraordinaria de revivir ese sentimiento de embriaguez total en el que mis facultades se ven arrastradas hacia abajo. En esos sueños, el tiempo se escurre y vibra, y a menudo no sé dónde estoy, ni cuándo ni por qué. A veces me pregunto si será mi cuerpo sintiendo toda la fuerza del vértigo mientras mi cerebro se queda dormido, incapaz de intervenir. O tal vez sea simplemente miedo de imaginar un futuro aterrador en el que cada vez pierdo más el control, hasta que toda mi lucidez desaparece. ¿Qué pasará si me quedo indefensa? ¿Qué será de mí?

No se me escapa que el síndrome de Ménière es una enfermedad causada por un exceso de agua. Quiero volver a meterme en el mar, pero el mar ya no está lo suficientemente llano y, sobre todo, está demasiado húmedo. Ya no lo veo como un descanso en mi día. Se parece demasiado al interior de mi cabeza. Estoy mareada, nostálgica, atontada. No sé cuál es peor. Echo de menos nadar. Echo de menos creer que mi cuerpo es capaz, que puede aguantar, pero, por otro lado, flotar tampoco me parece tan divertido ya. Necesito un horizonte estable al que anclarme. Ahora es un acto de lógica, no de instinto. Tengo que hacer lo que puedo.

También echo de menos a la comunidad que lo acompañaba, el grupo de mujeres con las que nadaba varias veces por semana, lo fuertes que nos sentíamos juntas. Echo de menos los diez minutos de cháchara dichosa, la sensación de liberación, de poner nuestro estrés contenido en la red de la preocupación colectiva, aunque fuera por breves momentos. Echo de menos la sabiduría del grupo, la sensación de que podía comentar cualquier problema y allí se trataría con amabilidad y se entendería, que se ofrecerían soluciones como obsequios de la experiencia vivida. Echo de menos los días en los que podía sentir el abrazo del agua y de la gente con la que nadaba, todo a la vez, y en los que me sentía lo bastante útil como para abrazarlas a cambio.

Pero, sobre todo, echo de menos esa sensación de veneración cuando me meto en el mar. La sensación de que entro en una enorme catedral y, en vez de sentarme en sus bancos secos, me fundo con ella. Echo de menos sentir la fuerza de las mareas, y con ella, la fuerza del mundo entero, de la luna y el sol, sentir que soy parte de una cadena de interconexión que atraviesa galaxias.

Sigo con la fantasía de liberar esta presión que crece en mi cabeza hasta que, llegado un punto, me doy cuenta de que sueño con trepanaciones.

La práctica de abrir un orificio en el cráneo para revelar la gruesa membrana que recubre al cerebro tiene una larga y curiosa historia. Los arqueólogos han encontrado cráneos con orificios parcialmente cerrados (lo cual sugiere que el sujeto sobrevivió al procedimiento) por todo el mundo, y a lo largo de los siglos. Tanto Hipócrates como Galeno describían la práctica, y en Europa siguió realizándose hasta bien entrado el Renacimiento, cuando se utilizaba para tratar enfermedades mentales y físicas.

La pequeña tribu de trepanadores modernos que tiende a juntarse en los márgenes hippies de la aristocracia británica cree que está corrigiendo un error biológico. Según ellos, la unión de las suturas craneales al término de la infancia limita la capacidad del cerebro para pulsar libremente y, con ello, reprime la vitalidad, la creatividad y la apertura de mente que se asocian con la juventud. En 1995, después de someterse a una trepanación casera a manos de su pareja, Jenny Gathorne-Hardy escribía en *The Independent*: «Era como si durante años hubiera sido una marioneta con la cabeza colgando, y ahora el titiritero tirase del hilo de mi cabeza y me la levantara cuidadosamente. Sentí una claridad y un aumento de energía que no me abandonaron con el paso del tiempo». Para este grupo, la trepanación representa reiniciar el reloj biológico e incluso apunta a la eterna juventud.

Se desconocen los motivos exactos del uso de la trepanación en el pasado, aunque, por supuesto, especulamos. Es evidente que, en algunos casos, se retiraban fragmentos del cráneo tras una lesión traumática, pero desde luego no era una práctica universal. Algunos orificios de trépano se hacían en personas sanas e incluso de un nivel social elevado, tanto en hombres como en mujeres. Hay teorías que la asocian con la posesión demoníaca, la epilepsia o la migraña, así como con la búsqueda y la claridad espirituales. ¿Realizaban esta cirugía rudimentaria para eliminar o para introducir algo?

Empiezo a preguntarme si mi anhelo de que me hagan un agujero en la cabeza es para esas dos cosas. Quiero liberar la presión y limpiar la terrible confusión que está nublando mi mente cada vez más. También ansío abrir una ventana para que pueda entrar algo que ahora mismo parece fuera de mi alcance. No lo digo en sentido literal: de ningún modo me estoy planteando someterme a una operación craneal amateur. Sin embargo, entiendo el impulso que hay detrás, esa conexión entre la cabeza, la mente y el cerebro, y la sensación de que mis pensamientos están ahí metidos como una multitud aullando. Si pudiera encontrar la manera de liberarlos, creo que podría hacer hueco a las voces delicadas que todavía no escucho.

El psicólogo Julian Jaynes pensaba que oír voces era algo natural en el ser humano. A diferencia de la mayoría de los científicos, que asumían que siempre habíamos experimentado la consciencia de la misma forma, Jaynes creía que la mente de nuestros antepasados era distinta a la nuestra. En su obra de 1976, *El origen de la conciencia en la ruptura de la mente bicameral*, sostiene que nuestra capacidad de introspección (de examinar nuestros pensamientos y emociones conscientes) fue algo relativamente reciente en la historia, datándolo alrededor del segundo milenio a. C. Antes de eso, nuestra mente era bicameral, es decir, tenía dos cámaras. «Hubo un tiempo —decía Jaynes— en el que la naturaleza humana se dividía en dos: una parte ejecutiva llamada dios, y una parte seguidora llamada hombre». No éramos conscientes de la forma en que se espera que lo seamos actualmente, es decir, siendo capaces de aislar ideas, pensamientos y emociones, y de creer que los generamos nosotros. Experimentábamos el pensamiento como una serie de alucinaciones auditivas, que creíamos que eran la voz de dios. Esas voces nos decían qué hacer, y vivíamos guiados por ellas. En

91

tiempos de la *Ilíada* y del *Poema de Gilgamesh*, todos escuchábamos voces.

Jaynes afirma que la naturaleza de nuestra conciencia proviene del lenguaje que empleamos y que no desarrollamos el lenguaje del ser autónomo hasta hace cuatro mil años aproximadamente. El cerebro es un órgano «plástico», que modifica sus vías neurales según cómo queramos utilizarlas, de modo que una conceptualización distinta de lo que somos determinará cómo se desarrolla el cerebro. Cuando empezamos a usar el lenguaje metafórico, descargamos un nuevo sistema operativo, que podía imaginar inconscientemente un «yo» que cohesionara nuestra manera de percibir el mundo en una persona estable con voluntad propia. En ese momento comenzamos a crear nuestra propia narrativa vital donde quienes llevábamos las riendas éramos nosotros, y dejamos de oír la voz de dios.

El dios de Jaynes nunca es una realidad objetiva. En ningún momento habla de un ser sobrenatural, sino más bien de un sistema de mensajes de una parte del cerebro a otro que recordaba a la voz ordenante de un ser más autoritario. En este sentido, un dios es la forma de comunicación entre las ramas legislativa y ejecutiva de nuestro autogobierno. No exigía rezar, tal y como lo conocemos, porque la relación era cara a cara. Según él, había «una relación cotidiana y práctica entre dios y hombre» sin necesidad de orar.

Evidentemente, es una opinión controvertida, que no está basada en exploraciones del cerebro con escáneres, sino en un análisis detallado de la literatura clásica. Es inquietante pensar que la mente, nuestro contacto más básico con el ser humano, no es un fenómeno estable, y entender la teoría implica dar varios saltos de fe para imaginar la posibilidad de pensar de un modo completamente distinto. Sin embargo, opino que en cierto modo la mente bicameral tiene más sentido que los chirriantes relatos que me han enseñado a creer sobre mí misma. A menudo tengo emociones y percepciones que no parecen salidos del pensamiento consciente, y tengo que rastrearlos para comprender de dónde vienen. La intuición funciona de un modo similar, esas corazonadas difíciles de analizar a través de la lógica, pero que nos parecen convincentes y a menudo resultan totalmente acertadas. Yo me identifico con esta teoría porque, como escritora, nunca he elaborado conscientemente una idea para un libro o relato, sino que las ideas me llegan enteras, a menudo en sueños. No tengo acceso a la parte de mí que inventa. Yo simplemente recibo los planos, y luego me pongo manos a la obra para que funcionen.

Siento una especie de anhelo por la explicación que Jaynes ofrece de la oración como un encuentro directo, una conversación que no cesa. Creo que parte de mí sigue buscando algo así. E, igual que mis antepasados, podría creer perfectamente que la sabiduría que canalizo procede de una mente mayor que la mía.

Υ

Durante todo el tiempo que he pasado pegada al sofá, incapaz de fijar la mirada en nada, pienso mucho en la ausencia que siento de esa voz, de esa conversación. Había asumido que esta sensación de estancamiento debía ser consecuencia de algo que he perdido recientemente, algo que estaba presente en mi vida y ya no lo está. Pensaba que sería tan sencillo como identificar qué era y recuperarlo.

Sin embargo, ahora que me veo abocada a la contemplación, me doy cuenta de que eso va quedando atrás, y avanzo a tientas hacia algo que todavía no conozco, pero sé que necesito. Es como un instinto sin usar, la llamada de lo salvaje en un animal domesticado como yo. Tal vez me cueste asimilar todos los cambios que han dado forma a este planeta en la última década, pero tengo una contundente sensación de que solo vivo en una dimensión. No es solo por estar confinada en casa. Es más que eso, una existencia entera constreñida y excesivamente razonada, llena de miedo. La vida que me he hecho es demasiado pequeña. No deja entrar suficientes ideas, ni suficientes creencias, ni permite suficientes encuentros con la exuberante magia de la existencia. Siempre me he esforzado por negarlo e inclinarme deliberadamente por lo racional, aferrarme solamente a las experiencias que son directamente observables por los demás. Y ahora que todo me es arrebatado, veo que es un disparate.

Ya no quiero esa vida. Quiero lo que tenían los antepasados de los que habla Julian Jaynes: la capacidad de hablar con Dios. No en un sentido personal, con una figura lejana que es insondablemente sabia, sino para tener un encuentro directo con el fluir de las cosas, una comunicación sin palabras. Quiero dejar que algo se rompa en mi interior, una presa que ha estado apuntalando esta sensación vergonzosamente atávica de que hay una magia que subyace a todas las cosas, el cosquilleo de inteligencia que siempre me esperaba cuando me acercaba a tocarla. Quiero sentir ese asombro elemental y puro que sentían mis antepasados, en lugar de esta versión moderna, explicada y domesticada. Quiero abrir los confines de mi cráneo y dejar que se inunde de luz, aire y misterio. Quiero que este tiempo de cambio me cambie. Quiero absorber su poder, sus gigantescas olas que viajan por todo el planeta. Quiero retener lo que revele la calma, esas voces pequeñas cuyos susurros solamente podían oírse cuando todo se quedaba en silencio.

Somos una especie olvidadiza, obsesionada por la interminable sucesión de tareas que se cierne inútilmente sobre nuestros días, y negligentemente inmune al gran espectáculo celestial que se despliega a nuestro alrededor. Y aquí estoy yo, recordando.

Peregrinación

*E*s domingo por la mañana, temprano, y las campanas de la iglesia suenan mientras espero junto a una parada de autobús en el pueblo de Harbledown. No voy a cogerlo. Estoy esperando a mi amiga Clare, que va a llevarme a hacer una pequeña peregrinación.

El Hospital de San Nicolás se fundó en 1084 a las afueras de Canterbury, y probablemente fue el primero de su clase en Inglaterra, un lugar donde los enfermos de lepra (hoy conocida como enfermedad de Hansen) podían vivir juntos en los márgenes de la sociedad y de un modo prácticamente monacal. Se mantenían pidiendo limosna y rezando por el alma de sus benefactores. La ubicación es parecida a la de otros hospitales de leprosos, que a menudo se encontraban en cruces de caminos cerca de ciudades importantes, pero es posible que en este caso hubiera otro factor importante: la presencia de un manantial natural, cuyas aguas se dice que tienen propiedades curativas.

No se sabe con certeza si el manantial ya

estaba cuando se construyó el hospital o si este
se apropió del manantial para atraer a una po-
blación mayor. En cualquier caso, tenía fama
de curar dolencias relacionadas con la lepra, y
cuando Eduardo de Woodstock, heredero a la
corona, enfermo de lepra, visitó el pozo y se
curó, su reputación se disparó. Eduardo volvió
a beber de sus aguas en su lecho de muerte,
aparentemente para curarse de la sífilis, pero
no funcionó. No obstante, el pozo adoptó su
apodo, y hoy se conoce como el Pozo del Príncipe Negro.

Hay una sorprendente cantidad de pozos cu-
rativos repartidos por la geografía inglesa: el
historiador James Rattue enumera más de dos-
cientos solamente en mi condado natal de Kent.
Ahora bien, la gran mayoría han caído en el olvido. Abandonados, cubiertos de maleza, tapados o
en ruinas, siguen allí, invisibles en el paisaje, go-
teando lentamente siglos de significado ritual. El
Pozo del Príncipe Negro apenas se conoce entre
los vecinos, pero al menos está bien conservado.
Ahora se encuentra en el borde de un complejo
de residencias para la tercera edad, rodeado de
césped bien cortado. Si estuviera en otro sitio,
recibiría visitas constantemente, pero, aquí en
Canterbury, tenemos bastante patrimonio medieval para presumir.

No sé si lo habría encontrado de haber venido sola. Está cubierto por un enorme rosal
con gruesas ramas llenas de espinas. Clare las
aparta para descubrir un arco de caliza gris cuya

clave tiene labrada la insignia de tres plumas del Príncipe Negro. Unos escalones descienden hasta una piscina de agua oscura de unos treinta centímetros de profundidad y cubierta de pétalos de rosa en forma de corazón. De vez en cuando, emergen unas burbujas perezosas por el agua que sale del manantial.

Este lugar al que la gente acude desde hace siglos con la esperanza de curarse es un escenario extraordinario. Los bordes están desgastados como piedra pómez, mientras que las partes centrales talladas parecen dispuestas a voleo, como si las hubieran traído de otro sitio. Tiene el aspecto de un lugar que ha esperado mucho tiempo, pacientemente, a que alguien viniera a rendirle culto, y ahora me tiene delante a mí, incómoda y sin saber qué hacer. Aquí la magia chisporrotea, pero no tengo manual alguno para actuar, no hay tradición ni cultura que me haya preparado para esto. En su día hubo un saber que se transmitía de generación en generación, pero hace mucho que se perdió. Lo único que yo he heredado es el olvido.

— ¿Qué se hace aquí? —pregunto a Clare.

—Yo bajo los escalones —contesta—. Simplemente me quedo un rato.

Se agacha para pasar bajo las ramas y baja hasta el agua, mientras yo aparto la mirada, indecisa. ¿Es un momento demasiado íntimo para quedarme mirando, o es así como debemos aprender a interactuar con estos lugares? Desvío mi atención a la explosión de color dorado en el centro de las rosas y al tacto del tronco retorcido de un viejo abedul que hay junto al pozo.

Cuando Clare vuelve a aparecer, es mi turno. Me quito los zapatos y me agacho para pasar por debajo del rosal, pero aun así me engancho por la espalda y me arranca el impermeable.

—¡Es un guardián! —dice Clare—. Hace mucho que cuida de este pozo.

Alzo la mirada hacia el rosal, que ahora forma una bóveda sobre mi cabeza.

—Por favor, ¿puedo visitar tu pozo? —le pregunto.

Tampoco sé cómo puede responderme, así que dejo mi chaqueta bajo su custodia, por si necesita un aval para garantizar mi buen comportamiento. El sendero de piedra que lleva hasta el agua está mojado, con culantrillo saliendo de las grietas en el mortero. A solo unos pasos del camino, me encuentro en un lugar completamente distinto, donde el sonido del mundo exterior apenas se oye, y mis pasos resuenan en la piedra y el agua. La transición es inmediata e inconfundible: esto es una hierofanía, un lugar empapado de capas y capas de propósitos humanos. El manantial las revela como si fuera una cinta de casete, pero su significado está codificado de maneras que no acabo de entender. En el silencio, estamos solo el agua y yo, y lo único que tenemos que hacer es saldar cuentas.

Dejo que la punta de mis pies toque el borde del manantial y estiro los dedos de la mano para remover los pétalos que flotan. No puedo resistirme a probar el agua, que sale limpia y ligeramente mineral, y me echo un poco en la frente. ¿Qué estoy haciendo, un bautismo? No lo sé. Supongo que los peregrinos en su día beberían libremente de su fuente sagrada, pero mis sensibilidades modernas me dicen que solo debería confiar en el agua de botella y del grifo. Me siento un poco avergonzada. Otra falta de fe. Otro tibio acto de veneración.

Debe de haber venido más gente estas semanas pasadas porque hay una concha en el hueco entre dos ladrillos, y en el fondo del agua se ve algo azul y brillante. Me remango la pernera de los vaqueros y me meto en la taza para sentir el frío limpio del manantial. Hundo una mano y cojo un solitario de cristal azul, una gema del tamaño de la palma de mi mano. No quiero interferir con el deseo que representa, de modo que lo vuelvo a soltar. El pozo y sus rituales siguen vivos.

He estado preguntándome cómo hablar con un Dios como el mío, esta idea que he sacado de la nada, de mis percepciones inestables. Estoy en un punto de mi vida en que necesito sentir un contacto con una conciencia más sabia que la mía, menos frustrada y atemorizada. Quiero ser capaz de hablar y tener la certeza de que alguien me escucha. Pero la propia creencia flaquea. A veces, creo que creo, pero otras, hasta eso es demasiado que asimilar. Me siento estúpida. No sé cómo hacerlo.

Me había inundado de forma lenta y furtiva esta convicción de…, ¿de qué? De que hay algo ahí, algo grande, sabio y hermoso que impregna todo lo vivo. Algo que está presente, atento, detrás de lo cotidiano. Una frecuencia de conciencia en el extremo más bajo del dial; entre la electricidad estática. Un estrato de experiencia esperando a ser descubierta. Es el «sentimiento oceánico» que desconcertaba a Freud, «una sensación de algo ilimitado, ilimitado» que había en ciertas personas, pero no en el padre del psicoanálisis. Freud creía que probablemente era una función de la mente evolucionada, de ninguna manera una percepción de lo numinoso. Comparto su desconcierto, pero no puedo estar de acuerdo. Llevo años tratando de reprimir esa sensación. Me decía constantemente que lo que buscaba era un deleite humanista en el mundo natural, pero en el fondo nunca sentí que esa fuera la verdad. Poco a poco fue creciendo hasta convertirse en una revuelta en mi interior: ferviente, persistente, sediciosa. Se juntó al pie de mis muros, gritando y blandiendo pancartas. Era incapaz de reprimirla.

Cuando trato de entender en qué creo, soy como una niña atrapada en el juego. No hay solidez. Noto una sensación en mi visión periférica, pero en cuanto me vuelvo a mirarla directamente, desaparece. No sobrevive a mi escrutinio, ni a cualquier intento de sistematizar o analizarla. Es otro tipo de creencia, otro tipo de sentimiento. Requiere fe, y a mí eso siempre me ha faltado.

Mi meditación me pide ablandarme para estar más receptiva. He aprendido a aceptar pensamientos difíciles en calma y quietud, a digerirlos antes de apresurarme a responder. Pero ahora que todos los elementos de mi vida parecen pasivos, esto también me lo parece. Necesito hablar. Necesito un lugar para almacenar las ideas oscuras que corretean por mi cerebro cual insectos que pican. Preferiblemente, algo que los incinere por completo, pero a falta de eso, algo que ofrezca un alivio para sus picaduras. Quiero aprender a rezar. Quiero juntar las manos, pero no sé qué significaría eso. No quiero intermediarios. No quiero liturgia. Quiero hablar clara y directamente a una entidad que no llego a percibir, y no tengo las palabras para ello.

En las semanas siguientes, el pozo se instala en mi mente, tal y como predijo Clare. Me da la sensación de que invita a interactuar: con su arco de piedra retorcido y esos escalones bajando al manantial, te conduce hacia dentro. Quiere que lo atiendan. Pero también es profundamente enigmático, porque la invitación acaba ahí. Una vez allí, estás solo. No te da pistas de qué hacer, no ofrece liturgias ni ceremonias. Al pie de esos escalones, debes enfrentarte a tu propio anhelo de dar significado. El agua solo refleja tu rostro afligido. Tú eres quien llena el pozo.

A menudo pienso que el rito nos ofrece algo que hacer con las manos en vez de con la cabeza, llevando a cabo una serie de acciones que nos vuelven a arraigar en nuestro ser. Un rito es diferente a rendir culto: es algo instintivo más que una construcción, un gesto que nos permite dar significado al momento. Es poco exigente, sencillo, casi pasivo. Sigues los pasos y te conducen hasta lo que necesitas.

Un rito es exactamente lo que necesito ahora mismo. El mundo se está abriendo a mi alrededor después de demasiadas estaciones artificialmente recogido en un capullo, y mientras todos salen aliviados, yo sigo aquí hecha un ovillo. Me entusiasma sentir de nuevo la realidad de la gente, ese ruido humano maravilloso, aterrador, envolvente que tanto he echado de menos. Pero tengo la sensación de que mi cerebro ha olvidado cómo gestionarlo. Tartamudeo hasta quedarme en silencio, cuando lo que quiero es salir y volver a respirarlo todo.

Se acerca Lammas. Celebrada el 1 de agosto, cuando el verano acaba de pasar su esplendor, Lammas es la fiesta de la primera cosecha del año y señala el momento en que el grano está maduro y el trabajo empieza a obtener los frutos de los meses cálidos antes de que entre el frío. Su nombre proviene del inglés Loaf Mass (misa del pan) y, aunque no se sabe con certeza cómo se celebraba exactamente (ni siquiera si se celebraba, ya que puede que fuera simplemente un hito en el calendario), existe la tradición de hacer pan con la harina nueva y llevarlo a la iglesia para que sea bendecido.

Hacer un pan de Lammas me parece un proyecto terapéutico: una horita amasando es todo un rito. Las hogazas de Lammas pueden ser trenzadas o tener forma humana o de animal, pero acabo decantándome por hacer una gavilla de trigo, con un poco de azúcar y mantequilla. La hiño y dejo que suba, luego la vuelvo a amasar y la parto en dos. Primero hago la base de la hogaza, dándole forma de una lámina de champiñón. Luego corto pedacitos y enrollo un montón de tallitos y espigas de trigo con forma de torpedo recogidos con una tira por el medio. Al final me queda sorprendentemente bonita y parece que he soltado parte de mi angustia golpeando la masa. Es como si hubiera dejado que otra parte de mi cuerpo pensara durante un rato, aliviando la presión sobre mi cerebro. Entonces se me ocurre que tal vez tenga que hacer unas cuantas hogazas en las próximas semanas. Finalmente meto el ratoncillo entre los tallos, una tradición que sirve de recordatorio de quién se puede comer el trigo si no se recoge rápido, y dejo fermentar el pan otra vez antes de hornearlo. Cuando lo veo salir del horno, dorado y espectacular, me parece mi mayor logro en mucho tiempo.

A la mañana siguiente, vuelvo a quedar con Clare en el pozo. Esta vez hemos venido preparadas: yo traigo uvas de la parra que crece sobre

la valla que queda junto a mi cocina y un rami-
llete de menta del jardín. Clare trae lavanda y
rosas de damasco, además de un puñado de pe-
ras diminutas, aún verdes, de su peral. Esta vez
hacemos una ofrenda al rosal (metiendo una
margarita entre sus espinas) y logramos pasar al
pozo sin dejarnos la camisa. Colocamos las vides
y las flores sobre sus piedras y echamos a flotar
las hierbas en su agua. Metemos varias cásca-
ras de ostra entre sus ladrillos y usamos otras
para sujetar unas plumas de cuervo que hemos
encontrado en la hierba. Podría inventarme una
historia sobre qué significa cada cosa, pero no
sería cierta. Ofrecemos al pozo lo que hemos
podido encontrar. Cuando terminamos, el pozo
está cuidado, ha sido recordado.

Nos sentamos sobre la hierba, partimos el pan
y lo mojamos en café caliente que traemos en
un termo. Luego cada una pasamos un rato a solas con el manantial. Sus aguas huelen al último
perfume de verano, menta y rosa, y la piedra en
ruinas parece orgullosa con su vestido de hojas.
Dejo un trozo de pan de Lammas apoyado contra el arco, con la esperanza de que lo encuentre
algún pajarillo. Entre las aves y nosotras, el pozo
vuelve a estar habitado. Las dos hemos urdido
un encantamiento, reconectando este lugar con
sus viejos significados y encontrando otros nuevos para nosotras. No ha hecho falta gran cosa:
solo el trabajo de nuestras manos entregadas, un
acto de escucha y el compromiso de ver un lugar
que se había vuelto invisible.

Mientras estoy ahí dentro, con los pies en el agua, comprendo que no necesito pedirle nada al pozo, ninguna bendición ni deseo, ni tampoco un saber que no esté dentro de mí. Solo tengo que entrar en contacto con un lugar que guarda restos de hierofanía y sentir la conexión con muchas otras almas perdidas que han venido como yo, sin saber qué decir. En vez de rezar, necesitaba cuidar de este sitio, hacer un gesto hacia una invisible continuidad de anhelo. Los misterios que alberga no son revelaciones ni milagros, sino el flujo de desaprender a través de los siglos, la conexión de querer entender.

En este momento, me da la sensación de que, para hablar con Dios, no hace falta tener fe, sino práctica. Más que creer, es cuestión de hacer, un acto de devoción correspondido del mismo modo, en silencio, a través de las manos y los pies, con las infinitas atenciones del cuerpo.

Congregación

*E*stoy descalza en Hartland Quay con un grupo de desconocidas, que sin embargo me resultan familiares. Somos una tribu, vestidas con impermeables y ponchos toalla, gorros de color chillón y gafas. Asentimos en señal de reconocimiento y hablamos de nuestro amor por los perros de rescate (la mía está enfadada en lo alto del acantilado porque no le dejan ir a la playa) y la posibilidad de que el tiempo cambie mañana. La marea está alta y el agua se ve azul oscuro con el cielo despejado. Mi amiga Jennie está cambiándose detrás de nosotras. Quiero meterme antes de pensármelo demasiado.

Estoy nerviosa. Temo estar a punto de ponerme en ridículo. La costa de Hartland es escarpada, con afloramientos de basalto negro que salen del lecho del mar como esqueletos de criaturas perdidas, y siempre he dado por hecho que sería peligroso nadar aquí, pero me aseguran que es al revés: no hay corrientes que te arrastren hacia el puerto, como en mi pueblo. Las aguas recogidas de la bahía son seguras y predecibles en días tranquilos como este. Es el mismo Atlántico frío y azul zafiro, pero algo más domesticado. Aun así, no estoy acostumbrada a nadar en aguas abiertas. Sé que he perdido fuerza y, desde luego, tengo menos confianza que antes. Apenas empiezo a encontrar un equilibrio en la medicación para no estar mareada constantemente, y las aguas abiertas me parecen demasiado para una persona con mi inestabilidad. No me fio de ellas, ni tampoco de mí misma. Creo que he envejecido en este último año.

A Jennie le encanta decirme que podría ser mi abuela, pero no parece tener ni la mitad de mi sentimiento de fragilidad. Mientras se enfunda los calcetines de neopreno y se sujeta las trenzas en lo alto de la cabeza, me dice:

—Vamos a nadar hasta Life Rock, la Roca de la Vida. —Y señala una aguja de basalto en medio de la bahía.

—¿Hay una Roca de la Muerte? —contesto, sobre todo para ocultar los nervios. Life Rock me parece muy lejana y peligrosamente afilada. Estamos en la famosa costa desguazadora, llena de trampas geológicas y calas ocultas.

—Uy, yo diría que muchas —contesta.

Hace unas horas vine a este mismo lugar, pero la marea estaba baja y estuvimos en las piscinas de roca buscando cangrejos ermitaños y casas de caracol abandonadas, esos diminutos conos ajedrezados con la superficie nacarada brillante. Bert subió hasta lo alto de Life Rock y me saludó mientras yo fingía no tener visiones de que se caía. Ahora que él está a salvo comiendo patatas fritas en el bar detrás de nosotras, puedo sentir las formaciones geológicas que hemos recorrido esta mañana. Después de todo el día absorbiendo el calor del sol, ahora lo irradian, creando corrientes calientes en el agua.

Empezamos a nadar a braza una al lado de la otra, poniéndonos al día después de tantos meses sin vernos. Mientras el resto tira hacia delante, nosotras seguimos a un ritmo tranquilo, y Jennie me pide disculpas por ralentizarme. Para nada es así, y se lo hago saber, aunque con demasiada insistencia. No estoy segura de que alcancemos nuestro destino, pero estoy dispuesta a acabar agotada en el intento. La he echado de menos. No somos amigas de a diario, solo compañeras de nadada, y cuando ella se vino a vivir a Hartland, me dio la sensación de que el grupo de natación se rompió un poco. Eso fue antes de que todos nos sumiéramos en la incertidumbre del confinamiento. Ahora parece irreparable. Todos hemos perdido la costumbre, a uno u otro nivel.

Aquí el mar es mucho más profundo de lo que estoy acostumbrada, pero el agua está tan clara que se ve hasta el fondo. He estado en el muelle en invierno, viendo las olas furiosas golpear contra la playa, pero hoy la superficie está casi como una balsa. Hay mar de fondo, y un movimiento grande y ondulante bajo la superficie nos hace subir y bajar. Es mucho más agradable de lo que esperaba, mucho más posible. Resulta tranquilizador tener otros nadadores delante. Me dan seguridad, saben que estoy aquí. Vemos cómo desaparecen por el canal en forma de embudo de Life Rock, y al poco tiempo nosotras también estamos allí, lo bastante cerca como para tocar la piedra arrugada. El hueco forma una especie de piscina donde los nadadores oscilan de arriba abajo, mecidos hacia delante y hacia atrás por el mar de fondo. Aquí el efecto es más evidente, poderoso pero benigno. Hay algo infantil en entrar en un espacio espectacular y que zarandea de este modo. Probablemente soy la más joven que hay aquí, pero todos estamos jugando, confiando en el buen talante del mar y su decisión de no imponer su autoridad hoy. Por ahora, nos acuna.

Volvemos por los acantilados que hay al otro lado de la bahía, chebrones de lutita y piedra arenisca formados hace trescientos millones de años, por lo que me cuenta Jennie. Pienso en las fuerzas colosales que hicieron que la tierra se doblara de ese modo, en la asombrosa magnitud de esos eones geológicos, y me siento deliciosamente pequeña. Aquí estamos, nadando en la profundidad del tiempo. Hemos dejado que el mar nos muestre un ápice de su poder, y a cambio nosotros le hemos demostrado nuestra fuerza, nuestra voluntad y nuestra alegría pura y exuberante.

Esa noche, tumbada en la cama, sigo sintiendo el mar de fondo subir y bajar en mi interior.

Parte de mí recela siempre de los grupos. Soy un animal solitario por naturaleza. Me gusta hacer las cosas a mi manera y a mi tiempo. Me resisto a los horarios y a que se exija mi atención, a las historias que siempre parecen surgir entre adultos que se unen a un club. Odio la diversión organizada. En general, prefiero hacer mis propios planes *ad hoc* con un par de buenos amigos. Sin embargo, cada vez tengo más ganas de formar parte de una congregación, un grupo de personas con quien pueda reunirme para reflexionar y contemplar, para escuchar cómo han resuelto este misterioso problema de la existencia. Ante todo, quiero que me hagan ser responsable, que me mantengan en el buen camino, que me empujen a hacer el bien. Creer en lo espiritual por mi cuenta me hace sentir sola. Quiero formar parte de un grupo que me devuelva a ideas que me desconcierten y me planteen desafíos.

Sé que es contradictorio, pero creo que las congregaciones pueden ser lo suficientemente flexibles como para acoger a personas como yo, que no asisten de forma constante y prefieren quedarse en los márgenes. Pero no estoy segura de por dónde empezar. A menudo me he planteado unirme a una u otra congregación simplemente por sumergirme en la devoción colectiva, esa atmósfera inconfundible que crean muchas mentes juntas prestando atención en silencio. Nunca me ha parecido que encajara en ninguna parte. He rondado los horarios de la congregación cuáquera del pueblo, y me intereso de manera casi obsesiva por varios sanghas budistas del país. El año pasado me planteé seriamente unirme al grupo pagano local. Pero nunca doy el paso final de pre-

113

sentarme allí y hacerlo. No creo encajar en ninguno, desde luego no más que en las iglesias que ya conozco. Elija lo que elija, estaría comprometiéndome hasta cierto punto, inclinándome por unas ideas y dejando otras fuera de manera tácita. Y, en el mejor de los casos, sería una presencia indecisa para el resto. No quiero insultar a esas maravillosas comunidades tratando sus creencias como «lo que más me encaja». Esto es distinto a elegir a un partido político al que votar. Es demasiado delicado, demasiado personal.

Tampoco me fío de tirar de tradiciones que no hablan de mi momento ni mi lugar, desvirtuándolas y entendiéndolas solo a medias. Es algo que hacemos muy a menudo: cogemos caprichosamente aquello que nos conviene de complejas tradiciones religiosas (normalmente aspectos que nos tranquilizan) e ignoramos las obligaciones que las contrarrestan, especialmente aquellas que implican una rigurosa introspección. Existen razones de peso para ser selectivos en nuestras creencias espirituales: las religiones suelen estar impregnadas de los prejuicios mundanos de sus ministros y merece la pena filtrarlos para encontrar las joyas de bello pensamiento que contienen. Sin embargo, para todos aquellos que, como yo, solo quieren filtrar, existe un riesgo real de justificar nuestros peores comportamientos. A menudo veo memes en Internet diciendo que somos tal y como deberíamos ser, que Dios nos hizo así, y eso me deja profundamente intranquila. Tal vez no tenga una voz divina hablándome al oído para aclararlo todo, pero estoy bastante segura de que Dios (como quiera que lo concibamos) no nos diseñó para ser racistas. Todos tenemos alguna obra que hacer. Una práctica espiritual que nos envuelve en el analgésico de la autoaceptación no es más que un parche para nuestro narcisismo. Las congregaciones, aquellas donde se permite expresar una diversidad de pensamientos, nos hacen ser responsables.

Me inclino a pensar que Dios no es una persona, sino más bien la suma de todos nosotros, a través de los tiempos. Eso hace que sea todavía más imperativo dar testimonio del amplio espectro de la humanidad, en vez de defender nuestro rinconcito de ella. Ese es el trabajo que yo anhelo: esa sensación de contacto. La posibilidad de que me cambie de formas impredecibles. La posibilidad de hacerlo mejor, algún día.

La Orden de los Pacificadores Zen (OPZ) es una organización dedicada a involucrarse en los momentos más oscuros de la vida humana. Fue creada por el sensei Bernie Glassman en 1994, que concibió un marco espiritual a través del cual los miembros podrían reflexionar sobre la conexión entre todas las personas, pero también experimentarla y tratar de generar el cambio. Se fundó sobre tres principios: no saber, dar testimonio y actuar. Cualquiera puede unirse a la comunidad, independientemente de sus creencias o del grado de compromiso que busque. El único requisito es estar dispuesto a implicarse en el proceso.

Esos tres principios me atrajeron hacia la orden: su estructura gira en torno a la pregunta, no a la certeza, y nos insta a llevar a cabo un cambio bien fundado. No saber es el punto de partida, que invita a los practicantes a abandonar sus ideas y creencias preconcebidas. Roshi Wendy Egoyku Nakao describe este principio como experimentar «un destello de apertura o un cambio repentino para estar presente en el momento», que nos permite desprendernos del lastre de nuestras ideas políticas, nuestros prejuicios y nuestras opiniones, para basarnos en la observación directa del aquí y el ahora.

Luego viene dar testimonio, comprometerse a percibir el mundo tal y como se nos presenta, con curiosidad y compasión. Para los Pacificadores, esto suele significar prestar atención a aspectos de la vida que preferiríamos alejar de nuestra mente. Sin embargo, esa es la única forma de abordar el último principio, actuar. Los Pacificadores Zen no observan sin hacer nada, sino que se toman su tiempo para implicarse en una situación antes de precipitarse a responder. Porque esa respuesta no es algo preestablecido. En algunos casos, puede bastar con presenciar, y quizá sea lo único que podemos hacer. Otras veces, una acción, ya sea grande o pequeña, puede surgir de manera espontánea. De un modo u otro, no debe considerarse como algo lineal, y debemos volver a un estado de no saber, una y otra vez. Cada experiencia de observación nos hace comprender mejor la verdadera naturaleza de la realidad.

Los Pacificadores Zen son conocidos por realizar «retiros para dar testimonio» en los que sus miembros pasan una semana en un lugar donde se ha producido un trauma colectivo. El más famoso fue en Auschwitz-Birkenau, pero también se ha hecho en Jerusalén, con personas sin hogar en ciudades de todo el mundo, o con la comunidad Lakota de nativos norteamericanos en Dakota del Sur. Bernie Glassman usó la palabra zambullirse para describir la experiencia de estos retiros. Los participantes se sumergen en un entorno plagado de verdades dolorosas, dejando a un lado suposiciones e ideas preconcebidas. Estos lugares suelen tener un significado personal para los asistentes, que cuentan historias familiares trágicas o vergonzosas. Los retiros vuelven a conectar a la gente con la humanidad de lo ocurrido, del mismo modo en que nuestro cuerpo conoce las cosas terribles que se hacen a otras personas. También son un acto curativo, y concluyen con una ceremonia cuyo objetivo es ofrecer consuelo a las almas intranquilas que permanecen en lugares donde se ha producido un sufrimiento masivo.

Evidentemente, la pandemia imposibilitó los retiros presenciales durante un tiempo, pero eso me dio la oportunidad de asistir a uno online, una inmersión en el tema de la raza en Estados Unidos celebrado durante un fin de semana lar-

117

go. Cuando me conecté al Zoom un viernes por la tarde, me preocupaba que mi presencia pudiera resultar intrusiva o inadecuada. Sin embargo, en cuanto comenzó la sesión, comprendí que me esperaba un desafío completamente distinto del que suponía. Tenía la capacidad de atención muy mermada, y la idea de mantenerme presente durante tres horas me intranquilizaba. Dudaba de si podría estarme quieta y escuchando durante tanto tiempo. Desde el primer momento, cuando nos insistieron en que debíamos sentir nuestro malestar y no luchar contra él, noté que mis manos estaban ansiosas por hacer algo mientras observaba. Me sentía culpable por estar perdiendo tiempo que podía dedicar a la casa; me sentía vaga e improductiva. Pensé en desconectar la cámara y llevarme el portátil a la cocina para cocinar mientras el retiro seguía.

Pero, claro, eso lo convertiría en una actividad más de la vida moderna, uno de tantos flujos de información simultáneos con los que conectamos a medias. Para que aquello fuera un acto de oración, para conectar de verdad con el resto de las personas asomadas a aquel canal digital, tenía que estar exclusivamente allí. Pensé entonces que en una iglesia no hay dónde esconderse. Los bancos de madera dura ni siquiera dejan que te quedes dormido. No hay más remedio que prestar toda tu atención a la misa. Yo tenía que hacer lo mismo en ese momento, aunque no sintiera ninguna mirada de desaprobación. Saqué unas cerillas del cajón del recibidor, encendí la vela que hay sobre mi escritorio y luego, para tener las manos ocupadas, cogí una piedra redonda que tengo junto a mi monitor. Su peso, su gravedad, me ayudó a estar quieta.

Ese fin de semana, escuchamos a muchas voces dar su testimonio de primera mano del racismo, relatando la terrible historia de esclavitud, linchamientos y brutalidad policial sufridas por la comunidad afroamericana. Eso hizo aún más difícil quedarme quieta. Era como esperar a que fueran cayendo golpes sin hacer nada. Sin embargo, en aquella quietud noté algo. Dar testimonio cambió para mí un tema que creía conocer. Al no tener la capacidad de cuestionar, de consolar, de resolver o de pedir perdón, perdí todas las herramientas que normalmente limarían las asperezas de mis pensamientos. Necesitaba encontrar otra forma de implicarme, y lo que oí me caló más que nada de lo que hubiera escuchado antes. Dar testimonio hizo que acontecimientos pasados parecieran más complejos, y los presentes, más urgentes. Y no quería apartar la mirada. No podía.

Al término de cada día, formábamos pequeños grupos para llevar a cabo una parte fundamental de la práctica de los Pacificadores Zen, la llamada Vía del Consejo. Basada en una tradición nativa americana, se trata de una reunión reflexiva con el propósito de ahondar en la experiencia de dar testimonio. Solo una persona habla en cada momento, se pide a todos que lo hagan con el corazón, eligiendo de manera espontánea lo que desean

119

compartir, y siendo lo más concisos posible. El resto debe escuchar sin analizar ni discutir, y eso incluye expresar aprobación. Se habla con toda sinceridad y lo único que se recibe es atención.

La confidencialidad del grupo es total, y por ese motivo diré únicamente que las sesiones de consejo fueron una forma agradable de terminar cada jornada, me ayudaron a revisar sentimientos confusos y a escuchar las respuestas sin adornos de mis compañeros. La mayoría del tiempo lo pasábamos en silencio, esperando a que las palabras encontraran forma en nuestros labios. Yo comenté que aquellos casos americanos de supremacía blanca me resultaban más familiares que las historias de mi propio país; tenía la responsabilidad de dar testimonio de lo que ocurría cerca de mí. Una vez más, sentía que no sabía nada, o apenas.

Lo que más me conmovió fue la amable compasión de una comunidad que no pretende llenar el espacio de contemplación con palabras, dispuesta a compartir sentimientos individuales y enfrentarse al conflicto y la duda. Fue extraordinario y hermoso formar parte de la creación de esa ecología. Al tercer día, antes de comenzar, nos pidieron que recordáramos cómo cuidábamos de nosotros mismos y prestáramos atención al efecto físico que había tenido en nosotros todo lo aprendido. A mí me daba vergüenza admitir que lo necesitaba. En ciertos momentos, sentí que mi capacidad de dar testimonio se agotaba, especialmente cuando hablaban de niños afroamericanos de la edad de mi hijo que habían sido asesinados, o cómo había menores blancos que acompañaban a los adultos a presenciar los linchamientos. Ambos me parecieron actos de una violencia demoledora, que tendrían un eco inevitable en varias generaciones. Sin embargo, cuando algún hablante expresaba una capacidad enorme de perdonar y de transmitir esperanza, curiosamente me resultaba igual de difícil mantenerme presente. Porque yo no era capaz de entenderlo. Aquello me demostró lo mucho que me quedaba por aprender sobre la posibilidad de redención.

Ya habíamos cubierto no saber y dar testimonio. El fin de semana concluyó dando un paso hacia la intervención. Participamos en una ceremonia de Puertas de Dulce Néctar, un proceso de cánticos y melodías que alimenta simbólicamente a los fantasmas hambrientos de las escrituras budistas. Se trata de almas de personas que murieron de forma repentina o violenta, o que han sido olvidadas por sus descendientes. Tienen la boca diminuta y un estómago enorme, de modo que están siempre hambrientas. En la tradición china, en época de cosecha, se les deja comida y bebida. Aquí adoptamos un enfoque más simbólico. Entonando los versos de la canción de Krishna Das «Calling out to hungry hearts»* les invitamos: «Acercaos y compartid esta comida. / Vuestra alegría y dolor / los hago míos».

121

---

* Llamando a los corazones hambrientos. *(Nota de la traductora).*

Para mí, esos fantasmas son a la vez reales e irreales, una proyección a la que damos forma sólida conscientemente. Lo más que puedo hacer por gente que sufrió hace tanto tiempo es ofrecerles mis cuidados totalmente estériles. Sinceramente, no creo que les ayude, pero sí ayuda a la parte de ellos que pervive dentro de mí. No se trata de calmar mi conciencia liberal diciéndome que lo he arreglado todo. Es una afirmación de nuestra interconexión. Genera la intención de preocuparme, una promesa hecha de forma colectiva ante mi congregación, y eso cambia mi comportamiento con vistas al futuro. Yo doy testimonio, y a su vez, dan testimonio de mí, y, entre los dos, mis buenas intenciones parecen más reales.

122

Ahora bien, el fin de semana con los Pacificadores Zen guarda un último cambio, un cambio que afectará a mi vida más que nada de lo absorbido en esos días: aprendo a juntar las manos para rezar, en señal de saludo, en una reverencia de respeto, y como momento de contemplación. No se parece al gesto de oración que aprendí en el colegio. Es una forma fluida y ágil de cerrar un bucle corporal. Es interno y externo al mismo tiempo, un golpe de contacto, como poner los pies en el suelo. Activa una corriente que puede fluir en muchas direcciones. Y siento que me lo puedo permitir. Puedo hacer lo que quiera con mis manos. Yo decido el cuándo y el cómo, y confío en que la gente que comparte mi devoción lo entenderá.

Υ

Mi recuerdo preferido de la infancia, el que recupero a menudo para darle vueltas en la mente y saborearlo, es nadar en el mar con mi abuelo. Él estaba de pie donde el agua le llegaba por la rodilla, me cogía con sus enormes manos, y me arrojaba de cabeza contra las olas. Yo dejaba que la fuerza del agua me revolcara hasta que me quedaba desorientada, pero me recuperaba y volvía corriendo a por más. Jugábamos una y otra vez durante lo que me parecía una deliciosa eternidad, sin palabras, incansables.

Cuando le pregunté por aquel recuerdo años más tarde, me dijo que él siempre había tenido miedo de nadar, pero quería alimentar mi insaciable deseo de agua. Se acordaba de estar en la orilla, temblando, con los brazos doloridos por el esfuerzo, y que yo siempre volvía, pidiendo un revolcón más, una oportunidad más de perderme. Y no quería decirme que no, así que jamás soltó prenda. Me cuesta imaginar a mi abuelo con miedo, así que debió de funcionar. Él siempre me ha dado todo cuanto necesitaba, entonces y ahora: la pura fe en el agua, la emoción de lanzarme a lo desconocido, saber que lo maravilloso puede trasmitirse a través de la piel. Pero, ante todo, me enseñó la sensación de que te sostengan otras manos y te arrojen a la incertidumbre, sabiendo que volverán a cogerte. La congregación de los Pacificadores Zen hizo lo mismo conmigo.

Esa es una de las muchas razones por las que me alegro de volver a estar en el agua: no conozco nada más que me empuje al límite de un modo tan absoluto y me devuelva a salvo, siempre que le muestre respeto. Eso sí, no he vuelto a las clases de natación. Tal vez sea porque ya he aprendido lo bastante como para arreglármelas, y tal vez también porque mantener la cabeza fuera del agua es mejor para mis oídos. Pero, sobre todo, después de un año en tierra firme, tengo un poco más de perspectiva. La piscina era demasiado confinada para mí. No podía fluir. Yo no nado para moverme por el agua, para acumular metros y kilómetros simplemente. Nado para adentrarme en algo que me una con todo, con todas partes, en todos los tiempos.

Cuando nos enseñaron el ciclo del agua en el colegio, me pareció bastante sencillo: cuestión de evaporación, lluvia, ríos y mares. Pero hasta hace poco no he entendido lo que significa realmente: que el agua perdura, sublimándose entre estados, haciéndose salobre, limpiándose, infiltrándose en el suelo. Entre el agua y nuestros cuerpos hay una comunicación ágil, en la que ambos están inmersos en un intercambio saturado que no tiene fin.

Siempre he querido explorar esa relación, jugar en el espacio donde todos estamos inmersos. He empezado a buscar otras formas de encontrarme con el agua, para esos momentos en los que siento que no tengo suficiente equilibrio para flotar. Después de probar el agua del pozo, he empezado a beber de todos los arroyos y lagos por los que paso, en cada paseo que doy y cada vez que nado. Me he comprado un filtro de agua portátil para protegerme de todo lo que puede trastocar mi frágil estómago del siglo XXI (bacterias, virus, residuos químicos). Es más pequeño que la botella de agua que solía llevar, y mucho más ligero. Ahora, cuando tengo sed, me paro junto a un arroyo, meto el vaso, hundo el filtro y sacio mi sed ahí mismo. Me gusta pensar que el agua sabe ligeramente distinta en cada lugar, aunque no es fácil de comparar. Lo que sí sé es que es diferente al agua que siempre llevaba de casa, tratada con cloro para mayor seguridad, un agua que se calentaba y perdía fuerza en la bolsa a lo largo del día. El agua de arroyo es delicada. Sabe a claridad. Cuando la bebo, siento como si me empapara de los estratos profundos de la roca que hay bajo mis pies y de las nubes sobre mi cabeza. Pero también estoy bebiendo esos tiempos, ya lejanos, en los que podía habitar el mismo mar que mi abuelo.

Es la misma agua, la de entonces y la de ahora. El mismo mar que fluye por el mundo. Y una de las tantas formas en las que todos estamos conectados.

125

FUEGO

La noche que cayeron
las estrellas

*E*n la madrugada del 13 de noviembre de 1833, todo aquel que estaba despierto presenció un espectáculo extraordinario. Según el *New York Evening Post*, pareció como si «la capa del cielo cayera en un diluvio de fuego» sobre el este de Estados Unidos. Tal era la densidad de las estrellas fugaces que «el firmamento entero parecía moverse con ellas, como si los planetas y las constelaciones estuvieran desprendiéndose de su lugar».

Antes de que existiera la luz eléctrica, los desvelados ya estaban muy acostumbrados a ver meteoritos precipitándose por el cielo, pero aquello fue distinto. El negro vaso del cielo de pronto se colmó de chispas, un millar a la vez, trazando líneas plateadas como las varillas de un paraguas celestial. Nadie había visto el arco del cielo tan claramente delineado, como si hubieran abierto una cortina para revelar la verdad (conocida, pero jamás entendida) de que la Tierra es una bola que flota en la inmensidad del espacio, y que nosotros, sus ciudadanos mareados, somos meros espectadores de este gran espectáculo planetario.

Los testigos presenciaron un bombardeo de luz tan intenso y tangible que creían que sus casas acabarían incendiándose. Las estrellas no parecían caer en un espacio oscuro y abstracto, sino directamente sobre las cabezas de los espectadores, que observaban paralizados por el miedo, rezando. Las chispas de mayor tamaño brillaban cual relámpagos y eran tan grandes y luminosas como Venus. Algunos decían que eran más grandes todavía, capaces incluso de eclipsar a la luna. Varias crónicas afirmaban que crepitaban y silbaban al caer, otros describían explosiones como silenciosos fuegos artificiales. Muchos creían que titilaban con un color prismático. Y así, aunque todos vieron la intensidad de los meteoritos, no se ponían de acuerdo sobre su forma exacta.

A las cinco de la madrugada, las estrellas empezaron a disiparse y desaparecieron del todo con la llegada del sol. «Los madrugadores encuentran casi a diario un motivo de regocijo ante quienes se quedan encamados hasta el desayuno —escribía el *Philadelphia Chronicle*—. Jamás han estado tan exultantes como hoy».

Los comentaristas se apresuraron a intentar explicar lo ocurrido en aquella noche fría y clara. De Nueva Escocia a Florida, astrónomos aficionados y corresponsales de prensa buscaban las palabras para describir lo que habían presenciado, y la poesía les salía con la misma facilidad que la precisión científica. El *Baltimore Patriot* definió el momento como «uno de los espectáculos más grandiosos e inquietantes que haya brillado ante el ojo humano», y contaba «tantas estrellas como copos de nieve o gotas de lluvia haya visto en plena tormenta». Para el editor del *Commercial Advertiser* en Kingston, Jamaica, la lluvia parecía «bancos de delfines jugando y saltando en la superficie del océano». Aunque los testigos no acertaban a contar las chispas que se vieron en aquel rato, la estimación más fiable la ofreció un físico llamado Joseph Henry, que calculó que aparecían veinte puntos de luz por segundo, lo cual ascendería a setenta y dos mil por hora. Algunos creen que el número era incluso mayor.

Al día siguiente, el *New York Evening Post* decía con tono algo condescendiente que «el fenómeno atmosférico… despertó confusas interpretaciones en la mente de personas ignorantes», comentando también que «un número excepcionalmente reducido de paisanos acudieron al mercado esa mañana». Para algunos, esas percepciones eran más que confusas. *The Old Countryman*, un semanario generalmente humorístico de Carolina del Norte con una gran tirada, publicaba una carta al editor cargada de fuego y azufre. «¡Declaramos la Lluvia de Fuego que presenciamos la pasada madrugada del miércoles como un terrible Tipo, seguro Predecesor, piadosa SEÑAL de ese gran y temible Día en que los habitantes de la Tierra han de presenciar la APERTURA DEL SEXTO SELLO! Tantos sucesos que acaecen en la Tierra nos llevan a la convicción de que vivimos los "ÚLTIMOS DÍAS"».

Dejando profecías a un lado, las luces de la ciencia aún no conocían el origen de tamaño despliegue celestial. Aunque los astrónomos tenían claro que los meteoritos no eran estrellas fugaces en sentido literal, su naturaleza seguía estando poco clara. El meteoro (que significa sencillamente «fenómeno atmosférico») todavía no había cobrado cuerpo en el imaginario científico, y creían que guardaba más relación con un relámpago o una eflorescencia de las luces del norte que con algo caído del espacio.

Tendrían que pasar varias décadas (y el lento desarrollo de un ciclo de treinta y tres años) para que los astrónomos comprendieran la verdadera naturaleza de las Leónidas, una lluvia de meteoros que se produce cada mes de noviembre. Ya fuera el detonante de una repentina toma de conciencia sobre la enormidad del universo, una llamada urgente a dedicarse al método científico, o incluso instigadora de un renovado respeto por el furioso poder de Dios, esta lluvia de estrellas fue un encantamiento que cayó sobre tejados expectantes, reclamando atención y haciendo que las personas que se refugiaban debajo de ellos se detuvieran a pensar en la relación entre todas las cosas, en las extrañas maquinaciones del universo.

La nostalgia siempre me había parecido algo ajeno hasta que, una noche, me pegó fuerte.

Con motivo del estreno de la obra de teatro de una amiga, bajamos en coche a Gravesend, y pasamos por todos los lugares que conocía de niña: Echo Square, la plaza donde estaba la panadería en la que trabajaba mi madre, el parque de Woodlands donde iba a jugar y las tiendas de High Street con sus fachadas de tablillas y su gran mercado de abastos que parecía un templo griego. En aquella época me parecían enormes y fundamentales para el buen funcionamiento del universo, pero, claro, siempre fueron pequeños. Todo lo es. Aquella noche, la nostalgia los envolvió de una magia residual ante mis ojos, convirtiéndolos en una especie de hierofanía. Bajé hasta el río para verlo correr, ancho y negro, a través del pueblo. Vi las luces rojas sobre el tiro de las chimeneas a lo lejos, en la otra orilla.

Durante el intermedio, le comenté a un conocido que yo vivía allí antes.

—Soy de aquí —le dije. Tampoco era una gran reivindicación, pero me apetecía decirlo, para demostrar que era posible amar aquel lugar.

—¿Sigues teniendo familia aquí? —preguntó.

133

Tuve que pensarlo, repasando a toda la gente que podía estar relacionada conmigo. Algunos habían muerto, otros se habían ido.

—No —contesté, sorprendida—. No, creo que no.

No me había dado cuenta de que se había cortado el último lazo. ¿Es así como surge la nostalgia? ¿Un anhelo por un lugar donde ya no quieres estar pero que, por un instante, parece perfecto? O puede que perfectible sea una palabra más adecuada, un lugar al que podrías devolver el esplendor que todavía ves en él, si te dejaran. Si yo pudiera, recrearía los grandes almacenes Army & Navy hasta el último detalle, como el olor a perfume que rodeaba las puertas de entrada, la formica moteada del aseo de señoras y especialmente (especialmente) la gama de peinados cardados y lacados de las mujeres, sus pañuelos y las gabardinas con cinturón que llevaban todas. Recuperaría el viejo cine con su aire viciado de humo de tabaco, poniendo *Cazafantasmas* y *E.T.* Y, sobre todo, recuperaría el olor a leche quemada de la cafetería donde trabajaba mi madre los sábados por la mañana, los portamenús en polipiel y cómo metía la mano en su delantal para sacar el cuadernito y apuntar mi batido de lima Crusha, igual que hacía con todos los clientes.

A la vuelta, pedí a H que pasara por delante de la casa de mis abuelos, tomando el camino largo para coger la autopista. Se ve en un abrir y cerrar de ojos, con el césped en pendiente que sube hasta el arco de la entrada, todavía pintado de blanco. Me pregunto si los actuales propietarios siguen limpiando el escalón de la entrada con el mismo ahínco que mi abuela. Sobre todo, me recuerda a la noche en que me quedé allí de pie, observando cómo se quemaba una casa en la misma calle. Todos los vecinos estaban fuera, cubriéndose los ojos para ver mejor, y hablando por encima de los setos para contarse lo poco que sabían; creían que era la vieja fundición, pero no se veía bien con tantos camiones de bomberos. Todo el mundo estaba allí, mirando, especulando, maravillados por la altura de las llamas, por cuán repentina y plenamente podía ocurrir todo. Los ocupantes estaban a salvo; solo se estaba quemando el edificio. Era uno de los más antiguos del pueblo, una estructura de madera en una noche de calor. En un pueblecito tranquilo donde no pasaba gran cosa, aquello era un espectáculo digno de contemplar, y nos hizo salir a todos a la oscuridad total.

Cuando llegué a casa, me puse a buscar noticias sobre el incendio, algún documento que situara aquella noche en el tiempo (y con ella, a mí, descalza y en camisón). Pero no había nada, ni una sola mención del incendio en todas las páginas publicadas sobre aquel pueblecito en el noroeste de Kent. Ya no puedo ponerme en contacto con ninguno de los allí presentes, y parece que soy la única que queda, atesorando la insólita sensación que tuve aquella noche de que algo nos había pasado, como comunidad, algo de una importancia duradera. Me recuerda a un poema de Czeslaw

135

Milosz titulado «Encuentro», donde recuerda un momento, muchos años antes, cuando un compañero señaló a una liebre corriendo delante de su vagón mientras iban por el campo al amanecer. «Oh, amor mío —escribe—, ¿dónde están?, ¿adónde van? / El destello de una mano, la mancha del movimiento, el rumor de los guijarros. / No lo pregunto con dolor, sino con asombro».

En los meses de verano, me da por coger polillas. Allí donde haya una bombilla encendida y una ventana abierta, allí estaré yo, ahuecando las manos alrededor de una figura que aletea, empeñada en lanzarse contra la luz. Bert y H les tienen miedo, porque son demasiado rápidas, demasiado resueltas. Pero yo no creo que sean una amenaza para nosotros: simplemente somos invisibles para ellas, algo tan grande que quedamos fuera de su percepción. Me niego a que les den porrazos con un periódico, así que me subo a la mesa de la cocina y hago equilibrios con el respaldo de las sillas para alcanzarlas y liberarlas en el aire de la noche. Es una labor desagradecida, porque al poco tiempo están de vuelta, golpeando contra el cristal. Debe de ser muy desconcertante para ellas, esa barrera invisible entre el deseo y la posibilidad.

Somos más polilla de lo que creemos: pequeños, frustrados, capaces únicamente de hacer cosquillas a un mundo que desearíamos que sintiera nuestro peso. Tenemos esa misma atracción por el objeto más brillante a la vista, la misma fascinación por las velas y las conflagraciones. Intuimos el peligro, pero somos incapaces de apartar la mirada. De hecho, nos ponemos a dar vueltas a su alrededor, acercándonos cada vez más, hasta que nos consume. Aun cuando creemos que el cielo podría estar derrumbándose, nos quedamos mirando. Es algo elemental para nosotros, este estado de alerta, esta atención agitada, aterrada.

El fuego es el lado tenebroso del encantamiento, esa brujería oscura y reluciente de la que no podemos apartar los ojos. Nos muestra el peligro salvaje que radica en la naturaleza, su poder para devorar y destruir. Es rudo, contagioso, capaz de pasar de casa en casa ante nuestra mirada indefensa. Nos lame las palmas como una polilla entre las manos.

No entendemos del todo el poder de esta Tierra hasta que no reconocemos el fuego.

Nos hemos permitido con demasiada frecuencia creer que podemos pasar toda la vida sin sufrir. Se nos dice que la única experiencia deseable es una felicidad lineal. Pero eso es un desencanto en sí mismo. El fuego nos vuelve a poner en contacto con el ciclo de la vida, con los límites de nuestro control, y con todo el abanico de sentimientos humanos. Nos enseña lecciones difíciles y abrasa nuestras frágiles ilusiones. Sin él, solo vivimos una existencia superficial, un terreno poco profundo. Debemos asimilar el fuego para volver a estar completos.

Quemar libros

Sigo sin poder leer. La lectura lo es todo para mí, el pilar sobre el que me apoyo, y últimamente soy incapaz de hacerlo. Es un oscuro secreto que debo guardar, un desagradable acto de deslealtad en una escritora. No quiero leer. No puedo. Soy incapaz de dirigir mi atención hacia una página de texto y absorber palabras. No puedo terminar un capítulo sin que mi conciencia se excuse y huya discretamente a un santuario interno al que no tengo acceso. No puedo quedarme quieta. Tampoco concentrarme. Debe de ser alguna enfermedad con su correspondiente cura, ¿no?

Este desconcertante bloqueo afecta sobre todo a la ficción. Puedo ojear fragmentos de ensayos, algún artículo aquí y allá. Pero novelas, no. Soy incapaz. Estoy totalmente desinteresada en historias que no han ocurrido, en la vida interior de personas que no existen. Me supera la apatía. Sé que es fallo mío, no de los libros. Pero este cinismo, este distanciamiento, es algo tangible. Y no puedo dominarlo.

Mi falta de lectura es algo furtivo, un estado fugitivo que no debo mostrar a quienes me conocen. Me siento caótica, como si mi mundo familiar se me escurriera de las manos. Porque tampoco es que esté haciendo otra cosa en su lugar. No he transferido mis lealtades a Netflix. Simplemente no leo. Hay un vacío enorme donde antes fundamentaba la mente.

También he empezado a notar esta enfermedad en otros. Pido consejo disimuladamente para volver a encender mi pasión, pero nadie parece tenerlo. Mis amigos literarios (esos lectores, mi gente, que normalmente arden de emoción con un libro u otro) se quedan en blanco.

—¿Has leído algo bueno últimamente? —pregunto. Se encogen de hombros. Prevarican. Dicen que ese estaba bien, pero tampoco les encantó. Me preguntan si yo les puedo sugerir otro a cambio. No puedo.

Me da la sensación de que este intercambio de nada se va perpetuando. Detrás de él hay un agotamiento existencial, la enfermedad, el miedo, los confinamientos, la mente humana presionada más allá de su capacidad. Llevamos tanto tiempo sin gasolina que hemos perdido la necesidad de repostar. Tanto tiempo analizando ansiosamente las noticias que ahora nos encontramos en un constante estado de revisión sin objeto. Ese es nuestro material de lectura ahora. No buscamos nada, simplemente miramos. Parece que, si dejáramos de mirar, algo terrible sucedería. Mirar es nuestro pensamiento mágico. Antes parecía una protección, ahora se ha vuelto algo oscuro.

Creemos que, si no controlamos, si no miramos constantemente por encima del hombro, podemos provocar un desastre. Nuestra perpetua vigilancia parece ser lo que apuntala el cielo.

Cuando pienso ahora en cómo aprendí a leer, no me vienen a la mente aquellos pegajosos días de colegio, pasando el dedo sobre letras grandes. Más bien pienso en mi primera semana en la universidad, cuando me enviaron a hablar con mi directora de estudios, y fui a una facultad al otro lado del pueblo en mi nueva bicicleta, un regalo de cumpleaños para celebrar mi nueva vida. Llegué sudando la gota gorda (más por el miedo a circular por calles desconocidas que por el cansancio), y emprendí la nueva y desconocida rutina de ponerle el candado y cubrir el sillín con una bolsa de plástico en caso de lluvia. Luego me presenté con voz quebrada en conserjería y me mandaron a una oficina en una planta baja, dos patios más allá.

Lo que allí encontré me sorprendió. Para empezar, no esperaba que la sala en sí fuera tan bonita, con cristaleras que daban a una terraza soleada y llena de glicinias. La mujer que me abrió la puerta era amable y servicial, a la vez que abiertamente inteligente, de un modo que no había visto antes. Mientras hablábamos, rezumaba derecho a la seriedad y una simple aceptación del trabajo intelectual que a mis ojos la hacía un ave exótica, excepcional y fascinante. Yo no sabía que fuera posible ser así.

Ante todo, me fascinó la cantidad de libros que había en aquella sala. No creía que estuviéramos en una biblioteca, y pensé que tal vez fueran prestados. Quizá la facultad tenía tantos volúmenes que los repartían entre las facultades del campus, cosa que sin duda encantaría a los académicos. Pero no era así. Eso no tenía sentido. Los títulos giraban claramente en torno a sus intereses de investigación: política social, economía, feminismo. Tenía que preguntárselo.

—¿Son suyos?

Los miró amablemente durante unos segundos.

—Sí —contestó—. Lo son.

—¿Los ha leído todos?

—Claro —dijo ella—. No tiene sentido tenerlos sin más.

Todo estaba allí: una galaxia entera de conocimiento en aquellas estanterías. Y no solo allí. También había libros en la biblioteca de la facultad y del departamento, y en la gigantesca Biblioteca de la Universidad que supuestamente tenía copyright sobre cada volumen. Yo había estado en bibliotecas, pero no como aquellas. Todo estaba allí esperándome. Quería asimilarlo todo. Y algún día, quería tener unas estanterías como aquellas.

Sin embargo, por algún motivo, era incapaz de asimilarlo. La comprensión lectora que había adquirido (instrumentos romos de letras y palabras), no estaba a la altura de aquella tarea.

Resultó que hasta entonces apenas había empezado a leer, leyendo apresuradamente ediciones rústicas y fagocitando libros de texto para llenar hojas de examen al término de cada curso. Allí, la lectura era otra cosa: disciplinada, compleja, inconmensurable. Libros que debían ser asignados, buscados en largos cajones de tarjetas indexadas, localizados en una estantería y, después, leídos y comprendidos de alguna manera. Esa era la parte imposible, porque cada libro era casi impenetrable, sus textos tan densos que parecían agujeros negros intelectuales, melazas informativas. Cada párrafo, cada frase, descansaba en un trabajo acumulado sobre el que debía apoyar mi comprensión. Apenas lograba arrancar.

Me sentaba en una u otra biblioteca, abría el libro por la página indicada, y notaba cómo las palabras repelían mis ávidos ojos. Yo era lluvia, y los libros impermeables. ¿Quién era yo para acudir a ellos? Una chica que ni siquiera sabía que ese tipo de conocimiento existía, que jamás se había planteado la posibilidad de ser incapaz de absorberlo todo. Me sentía estúpida, e hice una estupidez. Dejé de ir a clase. Dejé de coger bibliografías. Resultó que no era tan difícil escabullirme de trabajos y tutorías si mantenía el perfil bajo. De todos modos, echaba de menos mi casa. Estaba segura de que aquel sitio no era para mí. Pensé que tal vez podía conseguir dejarlo de manera pasiva, sin decepcionar demasiado a nadie.

Supongo que en algún momento empezaron a destacar mis ausencias en alguna lista. No era tan invisible como creía. Cuando por fin me pasó factura, salieron a la superficie mis niveles habituales de diligencia. No podía aparentar indiferencia, porque yo no era nada indiferente. No estaba trabajando porque no me atrevía a entregar algo que revelara tan claramente mi imperfección.

No tardé en volver a aquella sala llena de libros, esta vez más desaliñada. Mi directora de estudios giró su silla para mirarme, desmoronando la pila de trabajos por corregir que tenía a sus pies.

—Bueno —dijo—. ¿Cómo va todo?

Era una pregunta con inquina, y yo no quería contestar, así que solté lo primero que pasó por mi mente.

—Todos los sitios donde he estado esta semana se han quemado.

Era cierto, o lo suficiente como para parecerme real. El sábado había ido de compras, y luego vi en las noticias que una de las tiendas se había incendiado. Al día siguiente, al salir de un pueblo donde había parado a comer, vi una columna de humo en uno de los campos cercanos, y después oí que había sido un acto vandálico que detuvo el tráfico durante horas. Y, en fin, allí estaba ahora, después de arrasar prácticamente todo lo que me había costado tanto conseguir. Eso también merecía una mención.

Estaba acostumbrada a recibir rapapolvos por cambiar de tema bruscamente o hacer comentarios frívolos, pero la profesora no hizo eso. Se quedó pensando un momento y luego dijo:

—Cuando pasen ese tipo de cosas, deberías prestar atención. Puede que signifiquen algo.

Y así era, entonces y ahora. Ya no me veo como esa chica tan destructiva por naturaleza que podría dejar un rastro de tierra abrasada a su estela, pero sí sé que me hablo de tú a tú con el fuego, con las llamaradas grandes y con la asfixia. Aquí estoy, de vuelta en ese ciclo de gasolina, de conflagraciones y de tierra chamuscada. La pérdida que acarrea (la completa destrucción del yo) es siempre agónica, pero en el fondo también trae consigo algo que me gusta. Al fin y al cabo, la tierra desnuda invita a nuevos fuegos. Para no tener nada que perder, primero hay que perderlo todo.

Una vez descubierto mi talento para el fuego, podía permitirme empezar de nuevo. Mi dedo índice volvió a recorrer las líneas en un intento por mantener la mirada firme. Volví también a cantar lentamente las sílabas como en mi infancia, a veces susurrándolas en alto. Tenía que repetir cada párrafo muchas veces para entenderlo. Era difícil. Me había quedado atrás y estaba luchando para ponerme a la altura del resto de compañeros. A esa edad, aún no sabía cómo saber nada. Solo sabía aparentar que lo sabía todo. Fue un alivio admitir que era falible. Aquella lección de humildad fue como echar agua sobre el fuego. Empecé desde cero, y resultó sorprendentemente agradable.

Quizá no debería temer mi agotamiento actual. Al fin y al cabo, solo me demuestra que

145

estoy preparada para volver a hacerme. ¿Cómo he permitido que este enorme placer en mi vida, sentarme tranquilamente con un libro y beberme sus palabras, se haya vuelto algo tan pesado, tan lastrado por la obligación? En algún momento he perdido esa sensación de juego que me atraía de ellos desde el principio. No me extraña que mi lectura esté en huelga.

Siempre creí que mi yo futura tendría filas y filas de libros, como mi profesora, todos ellos leídos y entendidos, un logro en tiempo pasado que demostraría que había llegado a ser algo. Ahora veo que eso no es lo que ella me enseñó. Ella me ofreció el acto de saber, en vez del hecho estático de lo sabido, una vida de indagación. No quiero quedarme sentada sobre mis logros pasados como una gallina ponedora en su nido. Quiero seguir profundizando en el acto incierto de hacer, para ver el mundo desconocido desplegarse ante mí, y dedicarme a explorarlo.

Así pues, vuelvo a empezar, una vez más. He aprendido a dar gracias por las pérdidas, por dolorosas y desconcertantes que sean. Me hacen pequeña de nuevo. El próximo mundo es realmente prometedor, y me espera en miles de páginas por leer, donde no soy nada, nadie, soy nueva.

Juego profundo

*T*engo seis años, y todos los demás tienen vídeo y un montón de películas grabadas de la
tele para entretenerse. Yo no, porque vivo en
casa de mis abuelos y ellos siguen alquilando su
televisor. De hecho, han elegido uno que parece
un armario de madera, con una puerta que se
desliza delante de la pantalla para que a veces
podamos fingir que no tenemos televisión. Así
que, de vídeo, ni hablar.

Todos los compañeros del colegio se saben
frases de las películas de Disney y la letra de todas las canciones de *The Water Babies*, pero yo
no, así que no puedo cantar con ellos. Yo tengo
dos números de *Story Teller*, la revista infantil
que viene con una casete donde leen cuentos en
alto. Tiene ilustraciones a todo color, y los na-
rradores son gente conocida, aunque no para mí.
Ahora bien, eso no quita que me encante. Me da
la sensación de que todo el mundo tiene la colección completa, con los archivadores y la maletita
de plástico para las cintas, pero ese tipo de gasto
no es posible en mi casa. Aunque probablemente

baste con dos números, porque estoy obsesionada con una historia en concreto.

Es la primera que aparece en el número 26,
lo cual es una suerte, porque no paro de rebobi-
nar la cinta. Al principio de cada grabación hay
una musiquilla irritante, y luego entra claro y
seguro el anuncio: «La rata duende». Suena un
gong. Una flauta toca una escala pentatónica y
se oye un ping cada vez que hay que pasar de
página. El cuento narra la historia de un niño
nacido en el seno de una familia de granjeros,
pero demasiado débil para realizar trabajo físico, lo cual hace que su padre le lleve al templo
local para que se convierta en monje. El niño es
listo y aplicado, pero tiene un defecto: dondequiera que vaya, no puede evitar dibujar gatos.
Un día cubre todos los biombos del templo con
sus dibujos de gatos, y el abad le expulsa del
monasterio diciéndole las siguientes palabras
de consejo al despedirse: «De noche, evita los
lugares grandes. Quédate en los pequeños».

La historia es un cuento de hadas japonés,
supuestamente un mito del artista del siglo xv
Sesshū Tōyō. Llegó a Occidente gracias a Lafcadio Hearn, un estadounidense que se hizo
coleccionista de la cultura nipona después de
emigrar y casarse en Japón. Su colección, *Cuentos fantásticos del Japón*, fue publicada en 1898,
e incluía la historia de «El niño que dibujaba
gatos». Aparentemente, no es demasiado fiel
al original, con los elementos fantasmagóricos
exagerados, pero es un cuento llamativo, espe-

148

cialmente para cualquier niño o niña callado y diferente, con tendencia a desarrollar obsesiones que enfadan a los adultos a su alrededor

El niño se marcha del monasterio y se ve atraído hacia un templo aislado con farolillos brillantes que encienden sus esperanzas de unirse a la comunidad, aunque sea como criado. Sin embargo, él no sabe que en ese lugar los farolillos simbolizan las luces del diablo, prendidas para tentar a viajeros ingenuos hacia su muerte. El templo lleva tiempo abandonado y solo lo habita un duende que ha asesinado a cualquier guerrero lo bastante bravo como para enfrentarse a él.

Al encontrar vacío el templo, el niño no puede resistir la tentación y saca el pincel para dibujar gatos sobre todos los biombos del templo. Luego, exhausto tras el viaje, se tumba a descansar, pero antes de dormirse recuerda las últimas palabras de consejo del abad. Se espabila lo justo para meterse en un armario, cerrar la puerta y quedarse allí dormido. En plena noche le despiertan ruidos de algo rascando, siseando y chillando, y los muros del templo empiezan a temblar por la fuerza de lo que ocurre fuera. Por fin, todo queda en silencio, pero el niño no se arma de valor para salir hasta el amanecer. Allí encuentra el cadáver de una enorme rata, tirado en un charco de sangre. Y sus gatos están distintos. Siguen languideciendo en pinceladas sueltas sobre los biombos del templo, pero sus bocas están manchadas de sangre.

149

En la versión tradicional del cuento, el niño se convierte en abad, mientras que en la de Lafcadio Hearn acaba siendo artista. En cualquier caso, para llegar al estatus que merece, el protagonista tiene que llevar a cabo un acto de humildad, eligiendo un lugar pequeño antes que el gran templo. El niño desobediente finalmente escucha a su maestro, y al hacerlo se salva. Pero no creo que ese sea el único gesto de humildad que hay en la historia. A mí me parece que la verdadera sumisión del niño es hacia sus gatos. Su deseo de pintarlos es elemental, una fuerza de la naturaleza que no se debería contener. El arte le brota como un torrente, más allá de una autoridad temporal, de la vanidad humana por los edificios. Él no es más que un instrumento, pinta gatos simplemente porque eso es lo que hace. Es el pincel. Es la tinta. Los gatos son quienes crean. Y, llegado el momento, le salvan.

«El niño que dibujaba gatos» describe un tipo de fuego muy concreto: el fuego necesario, que arde claramente en nuestro interior, y que ignoramos con demasiada facilidad. No cabe duda de que este es otro espacio encantado.

He empezado a llevar a mi perra a Holly Hill, una colina que se encuentra a un paseo de casa en coche. Tengo la sensación de que caminar cuesta arriba me calma la mente como ninguna otra cosa. Allí encuentro vistas del estuario a lo lejos, y me encantan las setas que inundan este bosque: trepan por todos los árboles y cubren delicadamente el mantillo de hojas. De vez en cuando he visto madera teñida de color turquesa que revela la presencia de gardinga. Es un lugar lleno de rincones que absorben mi dispersa atención.

Sin embargo, últimamente voy buscando otra cosa. Varios amigos me han dicho que hay una *folie* en ruinas en la cima, y en mi mapa también aparece señalada, aunque figura como torre. Debería ser una misión bastante sencilla, encontrar una torre en lo alto de una colina. Pero no la encuentro. Ya he buscado varias veces. La primera, me llevé a Bert, rodeamos la colina media docena de veces, y al final nos metimos por accidente en una propiedad privada. Otra vez fui sola y recorrí hasta el último sendero que había en el bosque. Nada. He imprimido las indicaciones que me dio una persona que conoce bien el lugar, y, aun así, me siguen confundiendo. Es como si la dichosa torre me estuviera esquivando, dejándose ver a otros y no para mí. Puede que haya echado patas de pollo como la cabaña de Baba Yaga y ahora esté en otra parte de la campiña de Kent. Sea como fuere, encontrarla se ha convertido en una especie de cruzada para mí.

Últimamente he empezado a buscar significados de topónimos. Puede que sea un interés que aparece con la edad, este entusiasmo por echar la mirada atrás en el tiempo para buscar significados perdidos. Todo comenzó cuando me di cuenta de que el río Dart, donde veraneo en Devon, y el río Darent cerca de la casa de mi infancia, provienen del mismo nombre celta, que significa «río donde crecen robles». Hay mucho contenido en esos topónimos tan breves: un conocimiento ancestral del paisaje, una historia cultural discutida (no todo el mundo cree que hubiera celtas en Kent) y una conexión entre dos lugares que conozco y amo. Ahora que soy incapaz de centrarme en novelas, esto me ofrece la misma clase de información que me daba un libro, esas redes de ideas placenteras que se hablan entre sí. Siento como si estuviera leyendo de otro modo.

Algo parecido me ocurre con el pueblo más cercano a esta construcción invisible, Hernhill. Hern vendría de *heron*, en inglés «garza», lo cual sería una conexión con los pantanos aledaños. También podría derivar de la palabra del inglés antiguo que significaba gris. De uno u otro modo, el nombre apunta a que en algún momento esto era un terreno húmedo e inhóspito. Pero también me recuerda a Herne el Cazador, un fantasma con cuernos de ciervo que supuestamente representa un aspecto del dios astado Cernunnos. Esta deidad antigua aparece en objetos artísticos por toda la Europa celta. Parte humano y parte ciervo, se le asocia con la fertilidad y la abundancia, pero también con el contacto con los lugares verdaderamente salvajes, oscuros y desconocidos, donde muerte y creación están entretejidos, y con las conjuras de la naturaleza, siempre ajenas a la mente humana.

Y todo esto está dentro de un nombre. Cernunnos proviene de la palabra gala *karnon*, que significa cuerno o asta. *Karnon* se convierte en Cernunnos. Cernunnos pasa a ser Herne, y este se convierte en una presencia tangible que sienten aquellos que pasan tiempo en la inquietante soledad del bosque. No hace falta caminar por la naturaleza para entrar en contacto con lo salvaje. Si sabes historias (si conoces la mitología de tu tierra), puedes pasar de un salto de un paseíllo al sol con tu perra a encontrarte en un viejo bosque ctónico.

En su ensayo de 1973 «Juego profundo», Clifford Geertz estudia la atención profunda en sus distintos niveles. Para él, en el juego profundo, los participantes se ven sobrepasados, generalmente apostando dinero, pero también con elementos relacionados con su estatus: «autoestima, honor, dignidad, respeto». Visto desde fuera, es una actividad lúdica, pero en realidad condensa el universo simbólico de sus jugadores. En este planteamiento, el juego profundo es una experiencia predominantemente masculina (parte del estudio antropológico de Geertz sobre las peleas de gallos en Bali), y demuestra que los hombres encuentran formas de alterar las jerarquías y las expectativas de su sociedad encendiendo un fuego ante las preocupaciones de la vida diaria.

En mi opinión, a Geertz se le escapó un detalle. Acuñó un término, pero le dio unos límites demasiado rígidos. Yo veo juego profundo por todas partes, expresado de formas infinitas. Para mí, captura un tipo de atención que no esperamos en la vida adulta, y que incluso nos cuesta ver en los niños. Eso se debe a que malinterpretamos el juego en sí, lo rechazamos como algo eufórico, absurdo, una frivolidad que demuestra que nuestros hijos aún son demasiado pequeños para centrarse en empeños más serios. Pero el juego es serio. Es total. El juego es concentrarte totalmente en algo que no importa para el mundo exterior, pero lo es todo para ti. Es una inmersión en tus intereses que se convierte en un sentimiento, una poderosa emoción. El juego significa desaparecer en un espacio de nuestra elección, haciéndonos invisibles para aquellos que no están jugando. Es la búsqueda del fluir puro, una mentalidad de caja de arena donde podemos poner a prueba nuestros pensamientos nuevos, nuestros nuevos yoes. Es una forma de vida simbólica, una manera de trasponer una realidad en otra y buscar significado en ella. El juego es una forma de encantamiento.

Siempre me ha fascinado cómo juegan los adultos. La sabiduría convencional dice que la mayoría perdemos el hilo del juego, que nuestra mente encanece al mismo tiempo que nuestro pelo. Pero eso es porque solo identificamos un tipo de juego concreto, y por ello solo asociamos el juego con los adultos que siguen hacien-

154

do aquello que esperamos que hagan los niños, como bromear o coleccionar peluches. Lo único que eso demuestra es nuestro limitado vocabulario en lo que al placer se refiere. O es infantil (es decir, de colores primarios, desordenado, ruidoso), o adulto, oscuro y humeante, transgresor. Sin embargo, estas son solo algunas formas posibles de jugar. El juego profundo, esos grandes procesos inmersivos y poco rentables en los que invertimos nuestra identidad, me parece fundamental. Sin embargo, el mío parece seco y gris a los ojos del mundo exterior.

Yo siempre he jugado con las palabras. Como muchos niños autistas, crecí convencida de que no era el tipo de juego adecuado o que, para los adultos que tenía a mi alrededor, no era un juego en absoluto, y por ello me insistían en que saliese afuera, cogiera una muñeca y la vistiera, o que corriera un poco. Yo no quería correr. Yo quería escribir.

Empecé a decir a la gente que quería ser poeta desde los nueve años, pero ya escribía antes. El primer recuerdo que guardo es de sentarme bajo el tocador del cuarto de invitados y llenar páginas y páginas de papel con garabatos imitando la letra cursiva. Aún no sabía escribir, pero las ganas, el deseo de conectar cosas, ya estaban ahí. Recuerdo unas vacaciones de verano en que me senté delante de la máquina de escribir que mi madre tenía abandonada y escribí una comedia sobre un viaje en el tiempo basada en una película que nos habían puesto el último día de clase.

Ahora bien, hubo un momento, un punto claro en mi historia, donde el juego se convirtió en algo más serio. La gente empezó a preguntarme qué quería ser de mayor, y yo decía que poeta.

Al principio, les parecía una monada. «Poeta, ¿eh?», contestaban los adultos, arqueando las cejas. Sabía que se reían de mí, pero con simpatía. ¿A quién no le gusta un poco de pomposidad en una preadolescente? Es de una ingenuidad adorable, y creen que la vida no tardará en quitártelo de la cabeza. Sin embargo, cuando cumplí los trece, mis ambiciones literarias ya despertaban algo más parecido al desprecio. La frase «quiero ser poeta» provocaba gruñidos de risa de otros adolescentes y claras suspicacias entre los adultos. Había parodias de mí en toda la literatura, adolescentes pretenciosas con aires de una superioridad que no coincidía con su talento. Era una aspiración ridícula, y revelaba una visión vergonzosamente inexacta del Mundo Real y Cómo Funciona.

—Eres una chica lista —dijo la orientadora profesional del colegio—. ¿Has pensado en trabajar en el servicio penitenciario?

Me gustaría decir que ese fue el momento en que decidí alimentar mis ambiciones en secreto y ganar tiempo hasta ser capaz de huir a un mundo más amable, donde la gente me comprendiera. Pero lo que hice fue dejar de escribir. Cogí todos mis preciosos cuadernos, llenos de poemas escritos con tinta de color turquesa (vale, ahora me arrepiento del turquesa), y los até con cinta de embalar, dándoles tantas vueltas como una araña enredando a una mosca. Eran humillantes y quería asegurarme de que nadie pudiera leerlos. Los dejé así en mi estantería durante un tiempo, preguntándome si tendría la tentación de cortar la cinta y recuperar mis poemas. Nunca lo hice. Pasado un tiempo, cuando mi conexión con ellos parecía suficientemente rota, los tiré, metiéndolos en el fondo de la papelera de la cocina, bajo envoltorios grasientos de mantequilla y peladuras de verdura. Aún recuerdo la sensación de alivio que sentí cuando el camión de la basura vino el lunes siguiente y se los llevó. Estaban irreparablemente perdidos. Había cometido el crimen perfecto.

Ahora bien, empezaron a perseguirme como muertos vivientes. En cualquier momento de tranquilidad, aparecían a mi lado y me susurraban mis propias palabras. Me arrepentí amargamente del cuidado con el que había elegido cada una de ellas, de cómo había refinado el metro. Los hacía a todos dolorosamente memorables. Me daba vergüenza cuánto significaban para mí. Deseaba que no hubieran capturado con tanta perfección mis estúpidas, inmaduras y extraviadas emociones de adolescente; no quería seguir necesitándolos. Odiaba la idea de habérselos mostrado a otras personas, y que así pudieran seguir existiendo en la memoria colectiva, por diluidos que estuvieran. Pensaba que tal vez podría dejar atrás sus vestigios al terminar el colegio, y tomé la precaución de no estudiar Literatura Inglesa

157

(la asignatura que mejor se me daba de lejos) en la universidad. Quienquiera que fuese, no tenía nada que ver con la escritura. Yo no.

Pero entonces, si no era escritora, ¿qué era? Se parecía mucho a nada. Me encontré urdiendo historias en mi cabeza, reuniendo ideas y observaciones caprichosas, preguntándome cómo debería sonar mi voz sobre la página. Y entonces me corregía. Eso eran viejos sueños, hábitos de pensamiento obsoletos, con los que me tropezaba por accidente. Quería encontrar pensamientos nuevos que me atrajeran tanto. Pero no. En la jornada para alumnos de primer curso, me apunté a clases de cerámica y de yoga, pero también acabé yendo a la oficina del periódico estudiantil el día de reclutamiento. A mitad del discurso del editor, pensé: «Maldita sea, Katherine, ¿qué demonios te pasa? No. Eres. Escritora». Me disculpé y me fui.

Terminé la carrera y empecé desganada varios empleos que odiaba. Todos ellos me escupían historias que contar. No podía evitarlo. En el trayecto a Londres para ir a la oficina, me daban ganas de describir a todos los personajes que iban en el vagón del tren: la forma en la que una mujer estiraba la cara al maquillarse, el hombre que se reía hasta las lágrimas con cada cosa que sonaba en sus cascos. Un empleo tentador en una antigua funeraria me inspiraba sin ningún esfuerzo historias de fantasmas. Empezó a obsesionarme la forma en la que una compañera, testigo de Jehová, restaba importancia a las intrusiones de otros miembros de su iglesia en su matrimonio. No habían conseguido tener hijos, y a ellos les preocupaba que no tuvieran suficientes relaciones sexuales.

—¡Si a mí me encantan mis momentos sexis! —exclamó un día, con la voz entrecortada y sonrojándose, mientras todos comíamos el bocata en silencio. Me costó horrores no apuntarlo en ese mismo instante.

La escritura no paraba de volver a mí, abriéndose paso a puñetazos desde dondequiera que la enterrase. Me acechaba insistente desde la ventana. Aporreaba la puerta. No podía matarla: no había una fórmula milagrosa, ninguna estaca ni ningún hechizo para acabar con ella. Tenía otros planes para mí, mi resistencia era inútil.

No me quedó otra alternativa que negociar con ella. «Mira —le dije—, te voy a proponer un trato. Si te mimo un poco (te retomo como afición, tal vez empiezo un diario o escribo algún relato para enseñar a los amigos), tienes que prometerme que será suficiente. No estoy dispuesta a ponerme en evidencia intentando ser escritora. Tengo un trabajo normal, y no tengo fuerzas para esto. No he leído lo suficiente. No estudié literatura en la universidad, así que no estoy cualificada. Pero escribiré para mí. Si hago eso, prométeme que te callarás».

La escritura no dio señal de haberse calmado, pero yo seguí adelante con la idea. Me fui a Ikea y compré una mesita abatible que atornillé a la pared para que nadie se enterase de que había es-

159

tado allí sentada, atreviéndome a crear. Coloqué sobre la mesa un jarrón con jacintos azules y un cuaderno nuevo de tapa dura y forrado con tela. Puse tres lápices afilados en fila. Luego acerqué una silla a mi altar de sacrificio y me insté a decir algo significativo.

Una hora después, H entró a preguntarme si quería algo de la tienda, y le grité que se largara y me dejara sola porque estaba intentando escribir. Intentar era la palabra operativa. Cuando cerró la puerta, asustado, me di cuenta de que había agarrado mi cuaderno protegiéndolo con ambos brazos, no porque contuviera mis pensamientos más profundos, sino porque estaba cubierto de dibujos mal hechos de jacintos.

Durante mi largo rechazo de la vida como escritora, siempre di por hecho que escribir me abocaría al rechazo. En aquella primera hora que pasé en mi despacho improvisado, aprendí muchas cosas: que un talento infantil no se traduce necesariamente en talento adulto; que el oficio muere si no lo alimentas; que tus pensamientos más profundos parecen vergonzosamente pobres cuando corren el riesgo de aparecer en una página. Pero, sobre todo, aprendí lo que ocurre cuando abandonas el juego. Las dimensiones más hermosas de tu atención se degradan dentro de ti, dejando tras de sí restos de amargura y frustración. En la ausencia de juego, tu yo adulto no se alimenta, sino que se ve estrangulado. Y el juego profundo (el que hace de puente entre meses y años, promueve sus propias misiones arcanas y ahonda en las pequeñas cosas del ser) no es fácil de encontrar de nuevo.

El niño que dibujaba gatos parecía incapaz de perder su juego, aun viéndose condenado por la autoridad. En mi opinión, es un ejemplo de cómo se debería hacer: a través de la resistencia amable, fluyendo hacia los actos que amamos. Deberíamos enseñárselo a nuestros hijos. Yo ya había pasado ese punto, así que tuve que luchar para recuperarlo. Me costó años de trabajo vacilante, oscuro y gradual. Tardé más en aprender la técnica del juego profundo que nada de lo que había estudiado. Significó reclamar el incómodo derecho al tiempo, el espacio y la soledad; una vergonzosa reivindicación de mi creatividad. Significó aprender a confiar en mi olvidado instinto y sentir anhelo por mi trabajo. Significó dejar tiempo para hacer cosas que parecían absurdas para el mundo exterior. Significó enfrentarme a mi miedo anquilosante al fracaso y aprender a disfrutar destripando trabajos mediocres y llenos de errores. Fue un proceso largo, lento, incierto, y a veces bastante aburrido. La verdad, no me sentía como el niño que dibujaba gatos, irresistiblemente atraída hacia mi arte. Más bien me sentía como si estuviera abriéndome paso a duras penas entre la maleza para alcanzar un lugar que apenas recordaba. Ese lugar era mi centro. Y cada momento valió la pena.

El juego profundo es un laberinto, no un rompecabezas. Es un camino serpenteante que no tiene destino. Caminar es lo que cuenta. Tú

161

eres el camino. No tiene final. Tu única recompensa es más de lo mismo: más pozos que llenar con tu atención, más fuegos que cuidar. Y, de vez en cuando, por motivos que están fuera de tu alcance, esos fuegos se apagan.

Me llevé a H para encontrar la *folie* de una vez por todas. Se trajo esa mente metódica y obstinada suya, y, mapa en mano, empezó a analizar todos los sitios donde podía encontrarse. «Aquí no puede estar, porque la habríamos visto desde el camino. Tiene que estar en este lado del bosque». Fue estrechando más y más la posible ubicación. Yo estaba a punto de rendirme. Tal vez estábamos en la colina equivocada. Tal vez se encontraba en el jardín trasero de alguna casa. No me quedaba suficiente fe para encontrarla sola. Ni siquiera creía en el mapa.

Al final, no hizo falta que la desenterráramos entre una maraña de espinas. Estaba ahí desde el principio, exactamente donde debía estar. De repente, nos dimos cuenta de que la estábamos viendo. Pero, para ello, tuvimos que creer lo suficiente en ella. Sus muros de piedra negra eran una imitación perfecta de la sombra moteada del bosque, y resultó que la estábamos mirando directamente a través de las hojas.

Nos empezamos a abrir paso entre varios matorrales y pasando por encima de un par de árboles caídos, y allí estaba. Era una torre hexagonal con la puerta abierta, muy parecida a una torre de ajedrez. Por dentro estaba hueca, aunque había restos de una escalera y al menos un piso. No tenía tejado ni ventanas, pero sí signos preocupantes de piedras caídas de la parte superior. Asomé la cabeza por la puerta, alcé la vista y pensé que sería mejor no entrar. Sin embargo, cuando me volví, Bert se había convertido en el aprendiz de un viejo mago que vivía en la torre y estaba empezando a descubrir que su maestra tenía una vena malévola. Hubo un duelo entre ambos, y la torpe magia del aprendiz casi coge por sorpresa a la experta hechicera. El problema es que este era capaz de invocar a un dragón, cuyo aliento de fuego saldría por las ventanas...

Y pienso en que, hace no tanto tiempo, la gente solía creer que había dragones en el paisaje británico, que tal vez acababan de extinguirse, o quedaba alguno escondido en guaridas bajo tierra. Hay noticias de que hasta el siglo XIX la gente de la campiña trataba a los tritones con enorme suspicacia, creyendo que eran crías de dragón. Aún estamos muy cerca de este fuego, si recordamos cómo interpretar los contornos de nuestra tierra y cómo sentir el calor que se acumula bajo la superficie.

Las llamas

No sé si ha sido la extraña forma de luz que entraba por las ventanas o el frenesí de actividad lo que me ha empujado a salir a la calle, pero una vez más me encuentro fuera de mi casa, contemplando un incendio. Eso sí, esta vez tengo a Bert a mi lado, descalzo y en pijama. Todos los vecinos están fuera, entornando los ojos para ver en la oscuridad. Una columna de llamas se alza detrás de la hilera de casas perpendicular a nuestra calle. Va dibujando las siluetas de los tejados y tiñe el cielo de un rosa artificial. Juro que puedo notar su calor en la cara.

Lanzamos gritos ahogados. Especulamos. Todos con el móvil en la mano, tratando de averiguar más.

—Aparentemente, es al otro lado de High Street —dice una.

—Tiene que ser más cerca. Parece que está en uno de esos jardines. ¿Un cobertizo?

—Un cobertizo no haría tanta llama. A no ser que guarde combustible.

—Supongo que alguien habrá llamado a los bomberos…

—Voy a echar un vistazo.

Yo me quedo donde estoy y agarro a Bert por los hombros. Todos estamos un poco excitados. No de un modo morboso. Más bien es como si el fuego hubiera activado algo dentro de nosotros que hace que no podamos apartar la mirada, que tengamos que saber todo lo que ha pasado y discutir todos los detalles. Es una amenaza existencial y directa, por fin, después de tantos meses y años de amenazas intangibles. De pronto me descubro calculando cuánto tardaría en llegar hasta donde estamos, en qué momento deberíamos echar a correr. La última vez que sentí algo parecido a esto fue hace una década, cuando me di cuenta de que un cobertizo detrás de nuestra casa estaba ardiendo. Mientras llamaba a los bomberos, las llamas saltaron a nuestra propiedad, y empezaron a avanzar hacia mí por la valla. Aún puedo sentir su calor en la cara, y cómo mi cerebro se puso a calcular su velocidad, su avance, cuánto tiempo tenía para escapar. Cuando llegaron los bomberos, tenía un gato en cada mano. Lo apagaron en un momento. Fue increíble lo rápido que llegaron, y lo poco que tardaron en apagarlo todo.

Empieza a salir humo, negro y espeso, que se va mezclando con las llamas. El vecino vuelve.

—Parece que puede que sea el colegio —dice.

Noto que Bert se tensa y me lo llevo adentro. Ahora ya es personal, o, al menos, puede serlo.

—¿Es mi cole? —dice.

No lo sé.

—¿Qué pasará si se quema el cole?

—Primero vamos a ver qué está pasando —contesto. Redoblo esfuerzos con el móvil, preguntando en las redes sociales y por mensajes privados y correos. El colegio de Bert tiene una ubicación extraña, ya que no da a ninguna calle. Por tres de sus lados, linda con jardines de casas, y por el otro da a unas tiendas. Cada mañana, para acceder a él, tenemos que meternos por callejones. Si está en llamas el colegio, eso explicaría que nadie sepa qué está pasando. No hay una línea de visión directa.

—¿Las señas siguen ahí dentro? —pregunta Bert, con el tono de voz más agudo.

—No —le digo—. No. Es tarde. Están todas en sus casas. —Mi teléfono se enciende. Lo ignoro y trato de abrazarle—. No pasa nada. Te prometo que todo va a ir bien.

Me aparta. Leo el mensaje. Es una amiga cuya casa está contigua al incendio. Está en la calle, dice. No es el colegio. Es un edificio en desuso detrás del colegio. Todo el mundo está a salvo. Ya han apagado el fuego.

A veces, la destrucción nos viene a ver. Otras, parece como si el mundo sacara las garras y nos dejara sentir su aliento caliente, solo para recordarnos lo pequeños que somos, lo indefensos que estamos.

He renunciado a los libros por el momento; o, al menos, a leer libros enteros. Estoy intentando

167

buscar el juego otra vez en la lectura, en poemas y artículos, en relatos y ensayos. He puesto a cero mi aterrador montón de libros por leer, y me estoy dando la oportunidad de elegir libros nuevos para el momento en el que he aterrizado. También he borrado muchas apps de mi móvil, y quisiera poder decir que me estaban robando la atención, pero en el fondo sé que mi atención se rindió encantada. Los estragos de estos meses y estos años me han quitado las ganas de involucrarme en el mundo con toda su complejidad. He estado esquivando al pensamiento mismo. Prefería estar distraída.

Se avecina un cambio, preste atención o no. La vida ya no es igual. Lo noto en la gente que me rodea: salen en desbandada huyendo de él, por el terror a que nos toque, por el deseo de mantenernos varados. Noto cómo nos vamos calcificando, separando, retrayéndonos. Espero que el cambio traiga justicia para aquellos que la merecen, no un castigo para los que no. Espero que todos podamos estar por encima del ansia de venganza mezquina. Pero, ante todo, espero que seamos capaces de aprender a ablandarnos ante este momento y ante los demás. Para confluir otra vez, de algún modo. Para fundirnos de nuevo con los paisajes que nos sostienen, y que siguen rezumando milenios de sabiduría, sigilosamente, lentamente, si aprendemos a escuchar.

La vida siempre ha sido así, de un modo u otro. El cambio es la base inestable que me cimenta. Para Lauren Olamina, heroína de la serie

Earthseed, de Octavia E. Butler, «la única verdad duradera en este mundo» es que Dios es cambio, y lo sagrado se encuentra en la adaptación. «No veneramos a Dios —escribe en verso—. Percibimos y atendemos a Dios, / aprendemos de Dios... Damos forma a Dios». Es una verdad tan válida como cualquier otra, un espacio tan sagrado como cualquiera para descansar la mente, y una noción muy desafiante para rumiar.

¿Cómo encontramos a este Dios, esta fuerza irresistible que ruge como un huracán a través de nuestra existencia? Nos adaptamos. Evolucionamos. Reconstruimos, rehacemos y renovamos. Escuchamos lo que nos tiene que decir y acometemos la labor de incorporar ese nuevo conocimiento. A veces, lo leemos en los libros. A veces, lo leemos en otras partes, en aromas que lleva el aire y en la trayectoria de vuelo de las aves. A veces necesitamos sentir el cosquilleo de la magia para recordar en qué creemos.

169

Mi cuenco de fuego barato está desgastado, porque lo uso cada vez que necesito marcar algo, cada vez que necesito que algo me parezca real. Esta noche voy a intentar volver a incorporar el fuego a nuestra mitología, para que vuelva a ser seguro. El fuego es tan seguro como nos comportemos en torno a él, eso es lo que siempre le digo a Bert. Introducimos esta fuerza salvaje en nuestra vida para recordarnos lo que significa el encantamiento: una práctica en los límites del poder que penetra a través de todo lo que existe. Jamás seremos capaces de controlarlo. Siempre exigirá nuestro respeto, que seamos cuidadosos y le prestemos mucha atención.

Hoy hemos ido a visitar el edificio incendiado, para mirar desde el precinto de la policía y asimilar su desolación. Bert necesitaba verlo. En su mente seguía ardiendo, y seguiría haciéndolo como una amenaza perpetua. En realidad, ya está frío y empapado, es el esqueleto de un edificio que no llegamos a conocer en pie. Hay metal retorcido y madera tan chamuscada que parece terciopelo, como piel de animal. A su manera, ha quedado amansado.

Echo a mi cuenco de fuego un manojo de hojas de laurel, que ya están secas y de color bronce. Empiezan a crepitar y aspiro el humo perfumado. La llama resplandece y me quedo observando cómo baila el calor a través de las estrechas ramas, volviéndose roja al devorarlas, convirtiéndolas en capilares. Ya han desaparecido, abrasadas, y el fuego avanza más despacio por ramas más gruesas, perfilándolas con su hambre. Ver cómo el fuego ansía su combustible es como presenciar el deseo en acción. Me siento lista para someterme a él, a este nuevo mundo y estas nuevas formas que debo adoptar. Simplemente he tardado en verlo, en aceptarlo como parte de mí.

Después de la noche en que cayeron las estrellas en 1833, los testigos se apresuraron a entender lo sucedido. Los científicos compararon sus mediciones y escribieron ensayos, lo cotejaron con la historia tratando de encontrar un patrón que hubiera estado ahí desde siempre, aunque prácticamente desapercibido. Cada treinta años, a mediados de noviembre, con un margen de error en la fecha y variaciones mínimas de la trayectoria del cometa Tempel-Tuttle, un lugar del planeta vive una lluvia de meteoros espectacular coincidiendo con el paso de la Tierra por sus detritos. Lo realmente asombroso es que nos olvidemos de ello.

Ahora bien, la ciencia no fue la única forma de entender aquella lluvia de estrellas y darle significado. «La gente estaba asustada y creía que había llegado el final —escribía la poeta Harriet Powers, que representó la lluvia de meteoros en una colcha que hoy forma parte de la colección del Museo Smithsonian—. La mano de Dios detuvo las estrellas». La lluvia se produjo mucho antes de que ella naciera esclava en 1837, pero, para cuando aprendió a coser colchas, aquel acontecimiento ya era un hito temporal para los afroamericanos que no conocían su propia fecha de nacimiento, ni su ascendencia. La noche en que cayeron las estrellas se convirtió en un punto de referencia que ayudaba a orientarse a los hablantes cuando relataban su historia, y los relatos orales de aquella época permitieron que posteriores generaciones recompusieran historias fracturadas. Angela Y. Walton-Raji, escritora y genealogista, logró calcular la fecha de nacimiento de su tatarabuela Amanda por su relato de aquella noche, «que nos contó, una y otra vez, hasta su muerte en 1920». Las personas que presenciaron la lluvia de estrellas no podían hablar de otra cosa, y el eco de sus voces llegó hasta el futuro.

La lluvia de estrellas reverberó en todas nuestras formas de conocimiento. Aparece en letras de canciones y títulos de libros, está mencionada en obras literarias, desde William Faulkner hasta N. Scott Momaday. Abraham Lincoln hacía referencia a menudo a las Leónidas como metáfora de la pervivencia de la Unión; las estrellas siguieron en su sitio a pesar de la guerra que arrasó su territorio. El espectáculo no tuvo un solo efecto consistente ni condujo a conclusiones claras, sino que despertó fascinación, implicación y auténticos saltos en la comprensión, obligando a la gente a adoptar nuevas formas de expresión y nuevas interpretaciones. Unió a la gente en una atención compartida y esparció significados dispares por el firmamento. Nos equivocamos al intentar que el encantamiento nos ofrezca revelaciones directas y concretas. Es demasiado grande como para asimilarlo todo de una vez. El encantamiento nos enseña en constelaciones, nos invita a emprender la lenta labor vitalicia de asimilar un momento.

AIRE

En vuelo

*A*cabamos de despegar cuando alguien empieza a pelar una naranja y el avión se llena del olor a las tardes tranquilas con mi abuela.

Conozco el truco para evitar mareos en los viajes. A mí siempre me ha sentado mal el movimiento. Prefiero tener los pies en tierra firme. He pelado naranjas en autobuses, ferris y en el asiento trasero de muchos coches. A veces capturo su potencia en una bolsa de papel para concentrar el efecto. Una naranja corta las náuseas como un escalpelo, aunque solo sea de manera temporal.

Puede que esta persona sea como yo, un ser anónimo en un mar de respaldos idénticos. Puede que también sienta el trastorno que produce volar. No me fío de los aviones. No logro entender su mecánica, cómo pueden sostenerse solamente en aire. Para mí son un acto de fe, pero fe en la ciencia, más que en Dios. Tengo que confiar en que mi conocimiento es insuficiente y que otros saben más que yo. Bert va sentado a mi lado y me agarra la mano de un modo que sugiere que está igual. Los dos mascamos chicle para soltar la presión de los oídos. Le ofrezco un pañuelo de papel para que lo tire y luego una botella de agua. El aire silba al liberarse cuando desenrosco el tapón. Puede que eso explique por qué estoy mareada otra vez.

Puedo meditar perfectamente en un tren, pero en un avión, nunca. No es por el movimiento. Más bien es un tema de contacto. En pleno vuelo, mi atención no tiene dónde hincarse, solo un vacío inestable, once kilómetros de nada. Aquí arriba, no puedo echar raíces. Estoy en tránsito, en un estado entre dos solideces. Volar es como un entreacto en la vida real.

Volvemos de un viaje necesario. Hemos ido a visitar a mi madre a España por primera vez desde que nos separó la pandemia. Bert se ha bañado en varias de las piscinas al aire libre que hay salpicadas en el paisaje (y que se ven desde la ventanilla al aterrizar, como ojos azules que te miran sin parpadear). Me he asegurado de que todo va bien. Quería tachar una cosa más en mi lista de vigilancias. Ahora, en el aire, espero que saberlo añada lastre a mi atención flotante. Puede que me ancle otra vez.

De pronto, el avión da una sacudida, y Bert dice:

—¿Qué ha sido eso?

—Turbulencias —contesto—. No te preocupes.

Recuerdo que yo aprendí a tranquilizarme cuando se producían estas repentinas caídas de altitud fijándome en qué se caía. El agua de mi botella apenas ha temblado. Los asistentes de vuelo siguen recorriendo el pasillo sin inmutarse. En la inmensa amplitud del cielo abierto, estos saltos que tanto nos inquietan no son nada, un descenso infinitesimal comparado con lo que hemos subido. Sin embargo, el cuerpo humano desconfía de las caídas y preferimos ajustarnos el cinturón.

El problema es que el aire es un extraño para nosotros. No nos fiamos de su amorfismo, de su transparencia. Sus significados se nos escurren entre los dedos con demasiada facilidad.

En cuanto llego a casa hay algo que quiero hacer. Conduzco hasta el extremo más al sur del condado y aparco en una calle residencial cerca de Greatstone Beach, la playa donde iba de pequeña. No me interesan las dunas o el mar (además, luego tendría que aspirar el coche). Hoy camino en dirección contraria, vadeando el complejo de vacaciones de Romney Sands hasta los campos de grava.

A veces, como algo especial, cogía el trenecillo por este camino con mi abuelo, mientras los demás estaban en la playa. Mi madre nos dejaba en un punto y subíamos a bordo de uno de los diminutos trenes de Romney Hythe & Dymchurch, que avanzan traqueteando sobre unos raíles de apenas cuarenta centímetros de separación desde los años veinte del siglo pasado. La mayoría siguen funcionando a vapor. Viajar en este ferrocarril es meterte en un vagón diminuto, pasar por delante de la miríada de ovejas de Romney Marsh y la fachada posterior de casas hasta llegar al desolador y adorado erial de Dungeness, con su luz singular y su imponente estación eléctrica. A mí me encantaba porque adoraba ir a cualquier parte con mi abuelo, que siempre se golpeaba la cabeza al entrar y salir del vagón, y no podía evitar pararse a charlar con el maquinista. Ahora me encanta por el olor a carbón y a vapor, y por el brillo de las locomotoras bien cuidadas, que me transportan a la alegría perfecta de aquellos momentos.

Oigo el tren mientras salgo de las hileras de caravanas, apenas es un aullido que resuena por la llanura. Pasa soltando vapor, y creo que lo huelo. Ahora voy por un camino entre dos lagos profundos y seductores que susurran con sus juncales. Y entonces aparecen las orejas de cemento de Dungeness. Se yerguen orgullosas detrás de los lagos, con sus cuencos grises mirando con optimismo hacia el cielo.

Estos espejos acústicos se instalaron por toda la costa de Kent a finales de los años veinte del siglo pasado, como un sistema de aviso temprano de aviones que se acercaban a tierra. Los dos enormes platos que hay en Dungeness, de seis y nueve metros respectivamente, podían recoger y concentrar las ondas sonoras emitidas por un avión entrante, que posteriormente eran transmitidas a un operador a través de un micrófono.

Poco después se construyó un tercer espejo de sonido, formado por un muro curvo de sesenta metros. Con un rango de alrededor de treinta y ocho kilómetros en días despejados, advertía de cualquier invasión con quince minutos de antelación en el mejor de los casos, menos a medida que los aviones se hicieron más veloces. Nada más instalados, se vieron sustituidos por radares que proyectaban ondas de radio de manera activa en vez de esperar pasivamente a que llegara el sonido.

Hoy en día son reliquias, tecnología abandonada, conocidas únicamente por radio macuto. Sin embargo, para mí siguen teniendo su encanto. Cuando estudiaba física siendo adolescente, me costaba creer en las ondas sonoras que copiaba en diagramas en mi cuaderno. No llegué a convencerme de que existían realmente hasta que vi aquellas orejas grises y supe que captaban esas secuencias ondulantes de sonido y las hacían rebotar hacia un punto focal, donde eran recogidas y podían oírse. Los espejos de sonido externalizan un proceso invisible y nos muestran el estrecho margen de nuestra percepción. Hay tantas cosas que no vemos, constantemente... Hay tanto que no oímos. El aire está lleno de información. Solo hay que encontrar la manera adecuada de escuchar.

Las orejas de Dungeness son uno de mis lugares sagrados, un objeto de peregrinación reiterada. Tengo la sensación de que en realidad recogen más que ondas de sonido. Para mí, condensan un amasijo de emociones complejas (nostalgia, dolor, sentirse diferente) y las devuelven al aire. Puedo visitarlas y quedarme un rato en silencio, disfrutando de la suave brutalidad de su cemento, cómo se funden con un paisaje que en sí mismo es limítrofe. Me da la sensación de que lo diferente se reúne en Dungeness: reactores nucleares, trenes de tamaño insólito, casas construidas a base de desechos. Y yo, por supuesto, que vengo con mis sentimientos agitados a un lugar donde se sienten como en casa.

Un poco más al sur se encuentra Prospect Cottage, la cabaña pintada de alquitrán donde Derek Jarman se retiró a pasar sus últimos años. El director de cine, que se estaba muriendo de sida, transformó esta casa en un texto, cubriendo las paredes de libros, pintura y poesía. El poema de John Donne «La salida del sol» está escrito con la letra de Jarman en uno de los muros exteriores de contrachapado marino cortado a mano. «Viejo necio afanoso, ingobernable sol, / ¿por qué de esta manera, / a través de ventanas y visillos, nos llamas?». Peter Fillingham, el artista que lo instaló, dice que Jarman soñó cada una de las reformas que hizo en la cabaña durante su larga estancia en el hospital, y llamaba a sus amigos para contarles sus planes. De este modo, fue inyectando vida en el tejido del edificio, incluso mientras la suya propia se iba apagando. «Amor, que nunca cambia, no sabe de estaciones, / de horas, días o meses, los harapos del tiempo».

Lo más famoso de Prospect Cottage es el jardín que Jarman hizo a base de guijarros alrededor de la casa, salpicado con las pocas plantas que podían sobrevivir a los vientos perpetuos de Dungeness, trozos de madera flotante y metal oxidado que llegaban a la playa cercana. «La gente creía que estaba construyendo un jardín con fines mágicos —escribió—. Yo lo veía como una terapia». Sin embargo, no podía negar que este jardín acabó pareciendo un acto de brujería para crear un oasis en un terreno pobre y encantar un lugar hasta el punto en que lo hizo. Cuando fui a visitar Prospect Cottage poco después de su muerte, hacía uno de esos días despejados tan poco habituales, y la pequeña cabaña rezumaba paz a través de sus paredes. Todo un logro de transfiguración.

Hace mucho que las almas perdidas se retiran a la orilla del mar para tomar el aire. Pero solo aquí, donde unas orejas de cemento manifiestan lo invisible, se hace evidente el porqué. El aire es un lugar donde se deja ir. Se encarga de dispersar, de disipar la niebla, de esparcir las semillas. Con sutileza y de forma imperceptible, el aire trae lo nuevo.

Glorias

En los últimos años del siglo XVIII, J. Lud. Jordan decidió ascender la montaña más alta en el norte de Alemania, el Brocken. La cordillera de Harz podía ser un lugar intimidante, plagada de leyendas de brujas y demonios, pero aquel día a finales de mayo estaba preciosa. Partió antes del amanecer y vio cómo el cielo se pintaba de rojo y el sol salía estallando del horizonte, dejando una sensación de calma en el paisaje y en el caminante. Una fina neblina empezó a formarse a los pies de las montañas y pronto se convirtió en niebla espesa.

Subió el Teufelskanszel, el Púlpito del Diablo, un afloramiento de granito que Goethe empleó como escenario de una orgía satánica en *Fausto*. Al llegar a lo más alto, miró hacia el pico del Wormberg y quedó sin respiración al ver la figura de un gigante subido en un pedestal. Fue una visión efímera. Mientras observaba, la niebla que había a sus pies se disipó y la aparición desapareció.

El encuentro de Jordan fue breve y en mu-

chos sentidos nada extraordinario, comparado
con las extrañas historias que cuentan aquellos
que se han aventurado a nuestros lugares más
extremos. Los paisajes sublimes son espacios li-
minales que nos apartan de la comodidad del día
a día, llevándonos al límite de la comprensión.
Aunque nosotros nos aferramos a la parte viva
de ese límite, a menudo vislumbramos algo del
otro lado. Ahora bien, Jordan tampoco exage-
ra su experiencia. Sus observaciones se centran
más en el esplendor de la naturaleza que en la
amenaza de lo oculto. Publicó un breve artículo
en *Göttingen Journal of Natural Sciences*, posteriormente copiado al detalle en alemán original en el cuaderno de Samuel Taylor Coleridge,
que treinta años después usó la imagen en un
poema. En los versos de Coleridge, el espíritu se
convierte en una imagen de ingenuo autoenga-
ño, venerada por un leñador que no sabe que se
trata de su propia sombra.

Y eso es exactamente un espectro de Brocken:
la sombra de una persona proyectada en una
nube por el sol bajo, agrandada hasta propor-
ciones inquietantes por el ángulo de proyección.
Este efecto se ve realzado por el hecho de que la
sombra se separa a menudo de los pies del observador, rompiendo así nuestra familiaridad con la
forma. La naturaleza cambiante de las nubes y
bancos de niebla en los que se proyectan hace que
pueda parecer que los espectros se mueven de
forma extraña, y nos cueste juzgar a qué distancia está la sombra, cosa que invita a sobreestimar

184

significativamente su tamaño. Lo que no incluye el informe de Jordan (y un elemento crucial en el poema de Coleridge) es la característica más importante del fenómeno, el factor que convierte la curiosa visión en algo insólito: la presencia de la «gloria», un reluciente halo multicolor alrededor de la cabeza del gigante. Los espectros de Brocken a menudo infunden terror o un sentimiento funesto en aquellos que los ven. Aunque es difícil encontrar relatos en los que el observador no acabe cayendo en la cuenta de que la extraña criatura refleja sus propios movimientos, a veces insinúan que son una explicación terrenal de avistamientos angelicales.

Una gloria es el efecto de la luz refractada a través de gotas de agua de un modo parecido al arco iris. Gira en torno al punto antisolar, el lugar directamente opuesto al sol desde el punto de vista del observador, que evidentemente, es su cabeza. Por eso aparece como un halo: nuestra mirada es la que la sitúa, no existe de manera independiente en el espacio sobre las nubes. Cuando un grupo de personas se encuentra en las condiciones adecuadas, verán grupos de espectros, pero cada uno de ellos solo verá una gloria, centrada en su propia sombra.

Siempre he querido ver un espectro de Brocken. Mi libro de fantasmas Usborne World of the Unknown, que estudié de forma intensiva de niña, describía el espectro de Brocken como una criatura etérea que se movía por el paisaje y, como la mayoría de los casos analizados en el libro, a mí me aterraba, pero a la vez me fascinaba la idea de encontrarme con algo así. Conforme fui creciendo, fui entendiendo la parte científica, pero los relatos de primera mano que leía seguían sugiriendo que la aparición del espectro confundiría mi cerebro analítico haciéndome creer que había seres etéreos deambulando por las montañas. Cuando por fin vi una foto de un espectro de Brocken, ya estaba desencantada. La llegada de Internet trajo consigo fotos tomadas por senderistas, normalmente instantáneas borrosas tomadas con teléfonos móviles o las primeras cámaras digitales. Me parecían interesantes, claro, pero no eran nada: una sombra triangulada con una especie de vello prismático. Me costaba imaginar tropezarme con eso en la vida real y creer en su fuerza sobrenatural más de un par de segundos.

En *Memorias, sueños, reflejos*, Carl Jung habla de un sueño que tuvo a los dieciocho años, en el que caminaba llevando un farol por un paisaje neblinoso cuando sintió una presencia tras de sí y al volverse vio una «gigantesca figura negra» siguiéndole. En cuanto despertó comprendió que había sido un espectro de Brocken, «mi propia sombra en las nieblas arremolinadas». El espectro de Brocken es un fantasma que creamos nosotros mismos, una proyección literal de la parte oscura de nuestro ser sobre una superficie inestable. Cuando levantamos una mano, el espectro también la alza en respuesta, aunque parece como si él casi pudiera tocar el arco celeste. Cuando corremos, el espectro corre, pero sus zancadas salvan montañas mientras nosotros tropezamos con rocas. Somos nosotros, pero cargados de significado y con una gloria suspendida sobre la cabeza como si tuviera las respuestas a los misterios del universo. Somos nosotros al otro lado, portando la corona angelical que señala a los difuntos y los perdonados. Es nuestro ser de sombra, escribiendo a través de las nubes. Cuando topamos con estos espectros, ¿por qué no empaparnos de su fuerza por unos instantes, antes de ahuyentarlos a base de lógica?

Es posible saber exactamente cómo funcionan estos fenómenos y aun así sentir asombro por sus cualidades inquietantes, *unheimlich*. Podemos dejar en suspenso la incredulidad y usar estas experiencias como puertas hacia una percepción distinta. Es posible tener ambas percepciones en nuestro interior y que no choquen entre ellas. Tenemos descripciones de espectros de Brocken que datan de hace casi tres siglos (y muy anteriores de monasterios budistas), y prácticamente en todas ellas el testigo acaba preguntándose cómo se genera ese efecto en el mundo material. Nuestros antepasados se movían por el mundo con más agilidad, danzando entre lo que veían y lo que podían crear, urdiendo significados mientras recorrían la naturaleza. Creemos que hemos avanzado desde entonces, pero en realidad hemos tirado por la borda nuestra capacidad de asimilar el complejo juego del pensamiento simbólico y el pensamiento racional, de lo científico y lo encantado. Ambos tienen sus propias maravillas, sus propias sublimidades, su propio asombro. Donde un día florecía a borbotones un ecosistema, ahora está el silencio del mundo explicado.

Espero ver mi propio espectro de Brocken algún día. Yo creo que probablemente será en lo alto de un acantilado, con el primer sol de la mañana a la espalda. Tendría que ser en el acantilado adecuado, en el momento adecuado y en la estación adecuada, pero las montañas nunca han sido mi territorio. Cuando digo que no tengo la cabeza para alturas, lo hago en sentido literal: el frágil equilibro en el líquido de mis oídos se descompensa por completo con la altitud. Cuando ascendí mi primera montaña como *girl scout*, casi me tuvieron que bajar en brazos porque todo me daba vueltas.

Sin embargo, en una de mis habituales búsquedas de avistamientos recientes, descubrí que hay un sitio en Yorkshire que se ha hecho famoso por los espectros de Brocken. Parece ser que el lugar perfecto está en el límite entre los páramos de Burley Moor y Ilkley Moor, donde en mañanas frías se forman bancos de niebla y el sol bajo puede hacer bailar tu silueta sobre ella. Tampoco creo que pueda planear ver mi propio espectro allí: al fin y al cabo, está a seis horas en coche y es casi imposible prever las condiciones meteorológicas exactas. Aun así, voy a ir. Quiero estar en el mismo lugar donde han estado los espectros.

Mi amiga Kate ha accedido a quedar una mañana temprano para dar un paseo hasta los páramos desde el pueblecito de Burley Woodhead. Kate es de Yorkshire y ha escrito bastante acerca de lo que significa ser del norte. Yo no soy más que una visitante entusiasta, aunque repetidora. Adoro Yorkshire. Antes íbamos siempre a pasar Año Nuevo en los Dales, solo para tener la oportunidad de ver la nieve en aquel majestuoso escenario. No creo que exageren al decir que Yorkshire es «el país de Dios». Desde luego, es lo bastante grande, y su belleza austera y seria encajaría con quien ideara toda la creación.

Hoy el páramo está cubierto de un brezo morado tenue y el cielo amenaza tormenta. Al dejar la carretera para tomar la ruta de Dales Way, recuerdo el placer de llevar un mapa en la mano. Intentamos acordarnos de cuánto tiempo hace que no nos vemos. Creemos que tal vez sean tres años. Todo ha cambiado, pero no entre nosotras. A Kate no me cuesta contarle que me siento incapaz de leer, y eso a pesar de que ella se lo lee todo. Sé que al menos ella entenderá la pérdida.

Según ascendemos por el camino empinado, noto un silbido en la respiración de Kate. Me dice que es asma. Ha vuelto desde que tuvo covid. Hoy no tiene suficiente aire, así que bajamos el ritmo y su respiración se ralentiza. No soy la única que se nota cambiada y adaptándose a las

189

secuelas. En realidad, la mía es una pérdida leve, y, desde luego, recuperable. Por fin llegamos a un terreno alto y llano, donde el mundo entero parece desplegado ante nosotras. Los páramos están llenos de vida escarpada. Las nubes han empezado a descargar por el nordeste y se ve una ligera lluvia sobre un pueblo a lo lejos.

Más adelante hay un afloramiento de arenisca gris llamado la Vaca y el Carnero, el punto de referencia que nos hemos marcado. Atravesamos un arroyo y filtro un poco de agua para que podamos empaparnos de este lugar. El agua es suave y delicada, se agradece más allá de las palabras con la boca seca y desacostumbrada a la montaña. Intento explicarle la fuerza que siento cuando bebo el agua en medio de una caminata, como si me integrara un poco más en el paisaje. Al decirlo en alto y en medio del pragmático norte, me preocupa que parezca que la soledad me ha afectado. Pero da igual. Estamos inmersas en ese tipo de conversación fluida y serpenteante que acaba uniendo lo humano con lo divino de todos modos. Estamos aquí arriba juntas, con las piernas doloridas, y nuestras historias ondean alrededor de la otra, fundiendo sus partículas. Todo es permisible. Todo se comprende.

Aún me pregunto cómo han podido aparecer espectros aquí, cuando de pronto veo una caída abrupta en el terreno hacia el oeste que crea una hondonada a nuestros pies. Hoy está cubierta del mismo brezo y helechos que el resto del páramo, pero puedo imaginar que se creen bancos de niebla en mañanas frías y claras, cuando todo está tranquilo y silencioso, de un modo claramente gótico, como solo puede suceder en Yorkshire. Así, podrías creer que tu sombra es cualquier cosa, huyendo por el paisaje. Desde luego, yo podría ver algo atávico en ello.

Subimos hasta lo alto de la Vaca y el Carnero y nos sentamos a beber té de nuestros termos, contemplando el pueblo desde arriba. Vistas de cerca, las rocas están llenas de vida de un modo inesperado, recubiertas de nombres y fechas, cincelados en la blanda arenisca por caminantes bien equipados. La mayoría de los grafitis son victorianos y sorprendentemente bien hechos. Robinson y MacDonald, Marshall y Brambley, Odgen y Lovell, inmortalizados en perfecta caligrafía *copperplate*, aunque un rebelde escribió las enes mayúsculas al revés en varias ocasiones. Estas personas subieron hasta aquí hace ciento cincuenta años y quisieron dar eternidad a su nombre. Luego me entero de que aquí también hay inscripciones de la Edad de Bronce, ocultas entre el ruido más reciente. Desearía haber buscado eso, en vez de mi propio fantasma.

Por ahora le cuento a Kate que en clase de música solíamos cantar una canción sobre este lugar en el dialecto de Yorkshire cuando la profesora quería tranquilad en el aula. Se titula «On Ilkly Moor Baht'at» y trata de un joven que es reprendido por salir a cortejar en el páramo sin su sombrero *(baht'at)*. Le dicen que así se morirá de frío, se lo comerán los gusanos y los patos

191

se comerán a los gusanos. Al final, sus amigos se comerán a los patos, lo cual significa, como proclama el narrador con tono victorioso, «que te habremos comido todos… y así es como todos nos cobramos lo nuestro». No queda claro por qué es necesaria tamaña venganza por un leve pecado de omisión. Todos nos hemos olvidado de abrigarnos suficiente en momentos de entusiasmo juvenil. Pero puede que ese no sea el tema. La vida y la muerte residen en Ilkley Moor, y aquellos que pasamos por él, ya sea para comernos a sus patos o para beber de sus aguas, inevitablemente formamos parte de su ciclo. No es de extrañar que nuestros antepasados sintieran la necesidad de tallar su nombre en la piedra.

192

De regreso a casa, recorriendo el austero paisaje de Yorkshire, siento que he recuperado algo de equilibrio. He estado muy metida en mi cabeza, a pesar de lo nublada que la tenía. Sin embargo, ahora que lo pienso, puede que la niebla fuera necesaria. Después de todo, si seres tan maravillosos como los espectros de Brocken pueden proyectarse sobre la niebla, tal vez también me pueda servir a mí como pantalla para trazar la nueva yo titilante que empiezo a imaginar.

He encontrado algo que liberar en este aire que fluye. Es una sombra pequeña y encogida que se ha estado ocultando en mi interior, y me dice que soy tonta por ver magia en todas partes, que me estoy poniendo en ridículo. Sin embargo, los espectros de Brocken me muestran cómo recorrer el horizonte entre la racionalidad tajante y la espiral de interpretaciones que pueden darle más significado. Está claro que no tenemos que encantar a esas sombras. Podemos explicarlas y ya. Pero me da la sensación de que los seres humanos tenemos capacidad para más, para un estrato más de experiencia y para un conocimiento más profundo. Y ya no entiendo por qué no queremos recurrir a ello.

193

Cultura

$\mathcal{H}$e vuelto a las aulas, pero esta vez sin carpetas ni libros, sin reglas ni subrayadores. Intento aprender a través de mis manos. Así como me enseñaron a hacerlo, y siento la necesidad de escribir en el margen del papel blanco, y transformar lo que dice el docente en mi caótica letra, preferiblemente cogiendo palabra por palabra. Pero eso no es lo que voy a hacer hoy.

No es la primera vez que infrinjo las normas por esta necesidad. En mi primera semana de universidad, asistí a una conferencia de presentación que ofrecía un famoso sociólogo. Creo que debíamos estar impresionados por su presencia, pero eso era complicado si una no sabía quién era el hombre.

—No tomen apuntes —dijo—. Solo quiero que escuchen.

Yo cogí apuntes. No me bastaba con escuchar. Eso se borra con el tiempo. Yo quería asegurarme de que capturaba aquel saber nuevo, así que abrí mi cuaderno y empecé a escribir. Por desgracia, estaba en primera fila, porque el resto de los asientos estaban ocupados cuando llegué, confundida por mi incapacidad de leer un mapa. El conferenciante tenía dos periódicos en la mano y decía que representaban los problemas clave de la sociología (ahora no recuerdo cuáles eran) e iba recorriendo el estrado de un lado al otro, como un torero en la plaza. Por un instante, se salió de aquel sofisticado teatro para decir: «Repito, no hace falta tomar apuntes. —Una sonrisa de suficiencia—. Esto no va a salir en el examen».

Lo dijo dirigiéndose al auditorio, y todo el mundo se rio. Solté el boli durante un rato e intenté escuchar, pero no era capaz. Quedarme quieta y absorber información me parecían fuerzas opuestas. Necesitaba hacer algo para evitar que mi mente se centrara en mi cuerpo y no en lo que se decía en el aula. Necesitaba anotarlo o, si no, levantarme y ponerme a pasear por el aula. Sabía que esta última opción no le haría demasiada gracia a él y, además, ahora estaba hablando sobre los títulos de los trabajos y cómo deberían entregarse, y revisando una bibliografía que según él ya debería habernos dado nuestra facultad. A mí no me había llegado.

Presa del pánico, empecé a coger apuntes otra vez, tratando de anotar todos los títulos, cada fragmento de nombre que oía y esperaba poder encontrar en las fichas de la biblioteca, ingenua de mí. Estaba absorta en la urgencia de la tarea, cuando de pronto sentí esa inconfundible aceleración del aire que se produce cuando alguien se acerca rápidamente, y una mano cayó sobre mi página, quitándome el boli.

—He dicho que no tomen apuntes dijo el conferenciante. Su voz ya no expresaba humor alguno, pero todo el auditorio se rio.

Probablemente no aprendí la lección que él quería inculcarme. No pensé: «Ay, debería frenar este impulso de atrapar cualquier información nueva en la página». Lo que hice fue redoblar esfuerzos. Para mí, escribir es una forma de hacer que la materia aérea del pensamiento parezca real. Puedo abrir un cuaderno y solidificar mis emociones, que de otro modo flotan por mi cabeza sin definir, mudables. Es un acto necesario de anclaje. No me arrepiento ni lo más mínimo de haber intentado amarrarme al lenguaje desconocido de mi nueva carrera apuntándolo todo, y pocas veces me he arrepentido de hacerlo desde entonces. Lo único que me preocupa, en general, es encontrar los pensamientos que tan minuciosamente he almacenado entre tantas resmas de papel. También temo que algún día se derrumbe el techo del ático por el peso de todos los cuadernos que tengo guardados.

Pero aquí, hoy, parece que he olvidado mi cuaderno, así que estoy a la deriva sin mi bote salvavidas de siempre. El instructor está sacando su equipo y explicándonos cómo se usa, las distintas formas que puede adoptar.

—Me alegra ver que nadie está cogiendo apuntes —dice—. Hoy todo trata de experien-

197

cia. —Sin embargo, yo, que desconfío de mi memoria, voy a tomar fotos, igual que hago en mis paseos. Después podré revisarlas y probablemente tomaré apuntes.

El instructor mira por la ventana y dice:

—Ya no llueve. Vamos a ver las abejas.

Estoy aquí por las abejas, con la esperanza de abrir una colmena y ver de primera mano la industria de hacer miel. Hace mucho que sueño con tener una colonia en el jardín, no porque me encante el dulce néctar, sino para conocer a las propias abejas, para entender su conocimiento arcano del aire. Creo que puede que sea imposible en un jardín pequeño como el mío. A las abejas no les importará, pero puede que a mis vecinos sí. No sé si a todo el mundo le gustan tanto como a mí. De hecho, llevo varias semanas escuchando la misma pregunta: «¿Y no te importa que te piquen?».

En cualquier caso, hoy he aprendido que se puede tener abejas en un pequeño jardín urbano como el mío, siempre y cuando estén cercadas por una valla de metro ochenta y cinco. Eso les obliga a volar hacia arriba para aventurarse al mosaico de jardines traseros en busca de flores, creando una trayectoria de vuelo que iría por encima de la cabeza de la mayoría de las personas. La otra alternativa es instalarlas en el tejado del estudio que siempre he querido construir en el jardín. Sea como sea, voy a tener que tomar una decisión. Según nos dice, una vez instalada la colmena, se puede desplazar siete centímetros o cinco kilómetros, pero nada entre medias. El vuelo de una abeja melífera es tan preciso que sería incapaz de encontrar una colmena una vez la trasladen al otro lado del jardín.

Me enfundo el voluminoso traje blanco de apicultor con fuertes elásticos en las mangas. Meto las perneras cuidadosamente dobladas en mis botas de agua. Tiene que ser impenetrable, al menos para las abejas, para que ningún himenóptero furioso pueda colarse por mi única línea de defensa. Lleva una capucha que se cierra con cremallera. Nos advierte que no acerquemos la cara demasiado a la malla porque pueden picar a través de ella. No es que las abejas que vamos a ver hoy sean agresivas, dice. Pero a veces..., de vez en cuando... Nos aconseja que, llegado el momento, compremos abejas con buen carácter, probablemente de la variedad Buckfast, que son famosas por ser amables, y que estemos atentos a su comportamiento por si se aparean con abejas indeseables de otra colonia. Finalmente, nos ponemos los guantes y echamos a andar por el campo húmedo.

Hay tres colmenas nacionales junto a un arrayán, pero se ven pocas abejas. Está empezando a chispear, y las abejas odian la lluvia. Todas se han metido dentro. Antes de acercarnos, debemos preparar el ahumador. El instructor nos enseña a encender hierba seca en la parte inferior de un dispositivo de acero inoxidable con la parte superior cónica. El humo somete a las abejas anulando su capacidad de detectar las feromonas que les advertirían de la presencia de un intruso. Así se olvidan de atacar y se adentran en las profundidades de la colmena para ocuparse de su miel. El instructor levanta la primera capa de la colmena, y ahí están: los marcos de madera con panales llenos de abejas.

Echa un poco de humo y las más avezadas, que ya se habían levantado para plantarnos cara vuelven a bajar plácidamente. Se oye un agudo gemido, el sonido de cincuenta mil abejas contentillas.

—Escuchad atentamente mientras hago esto —dice, y coge una herramienta de su bolsillo, algo entre un gancho y una palanca que saca fácilmente los marcos colgados. La nota de la colmena se hace más aguda, en lo que es un claro aumento de las hostilidades.

—Están bien —dice, echando un poco más de humo.

Uno por uno, deja que nos acerquemos a la colmena para manipular las abejas. Observo a las personas que van delante de mí con las manos ansiosas por aprender. Cuando llega el momento, me acerco a la colmena y siento el calor que irradia. Meto torpemente la herramienta bajo uno de los marcos y saco una esquina, notando el chasquido pegajoso. Lo que lo mantiene pegado no es miel, sino propóleo, la sustancia que fabrican las abejas a partir de resina de árbol, y usan para pegar su colmena, impermeabilizarla y protegerla de bacterias y esporas. Huele un poco a antiséptico, una garantía leñosa de seguridad. Muevo la herramienta lentamente hacia el otro lado, y el zumbido de la colonia vuelve a hacerse más fuerte. Cuando cantan todas juntas suena muy alto, y eso, unido al olor de la miel y el propóleo, al humo y a la vibración de la caja bajo tus manos, hace que la interacción entre las abejas y el ser humano sea casi total. Es como si pudiéramos hablarnos, por imperfecta que sea la comunicación.

Sé que, si consigo manipularlas de un modo sereno y seguro, les transmitiré algo. Necesitan la tranquilidad de unas manos firmes. Así que levanto el marco como si supiera exactamente lo que estoy haciendo, y siento el impactante peso de todas esas criaturas, tan ligeras que son capaces de burlar el aire, pero que se juntan en tal cantidad que se hacen pesadas. Sus cuerpos ámbar rozan entre sí mientras laboran sobre sus celdillas hexagonales. El instructor me señala la miel que guardan tapada para el invierno, luego el néctar sin tapar que seguirá estando demasiado líquido para ser miel, y las celdas amarillas protuberantes donde pupan los zánganos y las obreras. Más tarde, otra alumna saca un marco del que se está saliendo una obrera, comiéndose la tapa de cera para abrirse paso. Pero aquí, en mi marco, todo está en calma. Lo giro (y, de nuevo, ese peso sobre mis dedos me hace temer que se me caiga) y examino el otro lado.

Las abejas están cada vez más desconectadas,

201

saltando hacia arriba como cogidas por hilos invisibles. Es el momento de devolverlas a su sitio. Con cuidado, con mucho cuidado, vuelvo a meter el marco y doy un paso atrás, emocionada. Hoy he aprendido mucho sobre las abejas, y solo una parte es información práctica. La mayoría es memoria muscular. La mayoría se puede saber por el tono y la intensidad de una nota que no encontraría en un pentagrama. La mayoría es recíproca, un deber de cuidado tácito y resuelto.

ç

En *Braiding Sweetgrass*, Robin Wall Kimmerer plantea un sólido argumento en defensa de volver a una visión indígena de la tierra, basada en una administración prudente, un conocimiento profundo y una reciprocidad. Cuando conocemos minuciosamente los lugares que habitamos, cuando los cuidamos con nuestras propias manos y los recorremos con nuestros pies, entramos en un diálogo con ellos que alimenta a ambas partes. Aprendemos a escuchar sus formas de hablarnos y a buscar el modo de contestar para que nos entiendan. Más que una simple transacción, esta reunión es una serie de regalos compartidos. Tras ella hay una sensación de encantamiento, una creencia de que hay una sentiencia que fluye a través de todos los habitantes del mundo natural, animados e inanimados, y una llamada a entrar en un estado consciente de asombro ante su funcionamiento y su fluir.

Una forma de trabajar en pos de esta administración es aprender las habilidades propias de nuestro paisaje, promover maneras de atender sus necesidades al tiempo que nos ocupamos de las nuestras. Creo que somos dolorosamente conscientes de lo mucho que se han perdido esos conocimientos. Los nativos americanos siguen viviendo una historia que vio cómo estas prácticas les eran arrebatadas a la fuerza. Mi propia comunidad las ha perdido a base de indiferencia. Esos actos pequeños y precisos que conforman un conjunto de habilidades requeridas parecían tan comunes que los dejamos desaparecer. Y ahora que han desaparecido, son muy difíciles de recuperar. Forman parte de un sistema de intuiciones y capacidades conectadas de una forma tan esencial que tardaremos toda una vida en volver a aprenderlas. Abarca desde ser capaz de coger bien un cuchillo de mondar, hasta saber leer el clima. De conocer las propiedades de distintos tipos de madera a hacer conservas de comida.

203

No es solo cuestión de conocimiento, sino también de deseo. Hemos olvidado cómo preferir un vestido bueno en lugar de cincuenta desechables. Hemos olvidado qué es anhelar cada alimento nuevo según se acerca su temporada. Tenemos que aprender a conocer con las manos, no con la cabeza.

A menudo pienso que crecer en casa de mi abuela, donde parecía que seguíamos viviendo una aproximación de los años cuarenta, fue un golpe de suerte. Allí me empapé de un deseo de los distintos tipos de paz que había en aquella casa, y del gusto por las cosas que se respetaban en ella. El tiempo avanzaba más despacio. Las tardes eran largas. Todo lo que teníamos se guardaba con cuidado y se arreglaba. Me cuesta describir, incluso a gente de mi edad, la emoción que compartíamos cada vez que mi abuelo traía una hortaliza del jardín. Todavía me conmueve de un modo inexplicable ver un repollo rey de enero recién cortado, con sus hojas abultadas y las gotas de agua brillando cual joyas sobre él.

Yo no llevo la vida de restricciones que tenían mis abuelos. Tampoco disfruto tanto de la monotonía. Pero he guardado unas cuantas habilidades residuales, y noto que me tiran más según me hago mayor. Cuando tengo un agujero en un suéter, puedo zurcirlo sin que se vea el apaño. Puedo coser un botón y asegurarme de que no se caiga. Puedo identificar un champiñón silvestre y hacer una tarta sin receta. Puedo distinguir una ciruela damascena de una endrina, una avellana cultivada de una silvestre, o cómo saber cuándo es el momento perfecto para coger una mora. Son aptitudes humildes, pero son mías, y estoy resuelta a seguir transmitiéndolas. Lo más importante no es la habilidad en sí misma, sino la cultura que la rodea. Esas moras y ciruelas damascenas quieren que les pidas permiso antes de arrancarlas de la rama. Así es como sabes si están lo bastante maduras. Coges únicamente lo que necesitas, lo transformas en algo bueno, y das parte de lo que has creado. Al fin y al cabo, lo has recibido como un regalo. Sería egoísta no pasarlo.

Explicar estas cosas en voz alta me hace sentir como si fuera una antropóloga describiendo una cultura lejana que ha permanecido oculta a los ojos occidentales durante toda la historia. Pero eso es porque estas leyes de vida nunca debieron ser transmitidas de este modo. Debían absorberse a través de la observación y la práctica, jamás reduciéndolas a algo tan burdo como una página. Así es como casi todo el mundo ha aprendido durante gran parte de la historia. Es otra aptitud que podríamos recuperar. Cuando el navegante micronesio Mau Piailug falleció en 2010, se llevó consigo ese tipo de conocimiento. Mau había aprendido a navegar guiándose por las estrellas, el viento y el comportamiento del mar; hablaba del lenguaje del agua y de la luz. Formado por su abuelo desde la infancia, memorizó su mapa de los cielos a partir de una brújula de estrellas hecha con piedras de playa colocadas en la orilla. Nunca permitió que se pasara a papel. Era el trabajo de años, más ágil que cualquier documento escrito. Así conocía más de un centenar de estrellas, por dónde salían y por dónde se ponían, y hacia dónde le podían llevar. En 1976 utilizó su conocimiento para navegar en solitario de Hawái hasta Tahití, una travesía de cuatro mil kilómetros que, según especulaciones de los arqueólogos, ya se hacía en la Antigüedad. Mau demostró que era posible y, al hacerlo, desencadenó un movimiento para conservar su extraordinario saber. Sin embargo, al final tuvo que hacer a sus alumnos una concesión que él nunca disfrutó, la de ponerlo todo por escrito.

No estoy sugiriendo que debamos desaprender esta era moderna por completo y volver a un tiempo más sencillo y fantaseado. Nunca ha habido un momento en que supiéramos exactamente cómo se deben hacer las cosas, y esta época que vivimos actualmente está llena de milagrosas formas de unirnos y adaptarnos. Pero ha llegado la hora de la verdad. Nos hemos alejado todo lo posible de las penurias de épocas pasadas, y ahora necesitamos encontrar el equilibrio entre lo que sabemos y lo que sabíamos. Si empezamos a devolver el encantamiento a las partes más fundamentales de nuestra existencia (los alimentos, los objetos que usamos, los lugares que habitamos), podremos empezar a restaurar la conexión entre nuestro cuerpo y la tierra. No puede hacerse de un modo abstracto. Tenemos que aprender a ser mejores guardianes de las cosas que importan.

Vuelvo a enfundarme el traje de apicultora y las botas, tratando de evitar que el velo toque mi cara. El mismo olor a humo y a propóleo, el mismo zumbido diligente. Espero impacientemente a que me inviten a quitar un marco y examino a las abejas y su panal para evaluar la cantidad de miel y la composición de las celdillas de cría. Tal vez sea un poco más entusiasta que el resto de aprendices, y estoy algo menos preocupada por lo que puedan hacer las abejas. Ya he aprendido a confiar en ellas. En quien no confío del todo es en mí misma.

Cuando me inscribí en el curso de apicultura, pensé que saldría preparada para tener mis propias abejas. Creía que me compraría una colmena, un traje y una caja de abejas (vienen por correo, por kilos), y que empezaría a hacer miel. Y, teóricamente, podría hacerlo, pero ahora me doy cuenta de que eso no era lo que en realidad quería. Esto es una artesanía, un sistema de conocimiento laberíntico que se aprende mejor con otras personas. Quiero hacerlo poco a poco, para absorber mis lecciones a través de la piel y los oídos, y llevarme alguna que otra picadura. Estoy decidida a aprender a fondo antes de dar el siguiente paso, y hay mucha gente dispuesta a enseñarme. Tengo la sensación de que esto es otro tipo de congregación, que comparte un tipo de culto distinto. Quiero conectar con ellos, en vez de echar a volar por mi cuenta.

El apicultor con el que estoy aprendiendo hoy nos da guantes de látex en vez de los guantes grandes de la otra vez (según dice, son mejores para relacionarse con las abejas). Si no lleváramos nada, las abejas nos cubrirían las manos atraídas por los restos de olores. Sin em-

207

bargo, los guantes finos son la única protección que se necesita. Estas abejas son de fiar, y no quieren picarnos. Si las tratamos con respeto, sabrán que no somos una amenaza. Empiezo a ver que cada apicultor tiene una filosofía y un punto de vista distinto, que no hay una única forma de hacer las cosas. Es interesante observar y absorber, y preguntarme qué tipo de apicultora seré cuando mejore en esto. En el estilo de hoy se usa menos humo y por ello hay más abejas zumbando alrededor de nuestras orejas y subiéndonos por las mangas. Todos estamos cubiertos de ellas. Van dibujando formas sobre los trajes mientras nos exploran, centímetro a centímetro, como si fuéramos una especie peculiar de flor que aún no conocen.

—Toma —dice el instructor—, puedes tocarlas. Con cuidado. No te van a picar. —Saca un marco cubierto de cuerpecitos de color ámbar zumbando sobre sus celdillas. Estiro la mano y la dejo suspendida encima de ellas, sintiendo cómo su vibración sube a mi encuentro. Luego, con sumo cuidado, acerco el dorso de los dedos a las abejas, y siento su calor, su vida, su movimiento. Y entonces se dispersan, y empiezo a palpar la miel que han dejado en su panal, lista para el invierno.

—Pruébala —dice el instructor, y lo hago, desabrochándome torpemente la capucha para llegar a la boca. Sabe a flores, dulce y ligeramente cítrica, agradablemente amarga, mucho más compleja que cualquier miel que encuentres en el supermercado. También es distinta a la que venden en tarros en los ultramarinos del pueblo. Aquí, en este momento, se está capturando un conocimiento: un conocimiento del mundo tal y como sabe para una abeja, de sabores tan efímeros que no se pueden embotellar, y de lo que es compartir un saber con tu colonia.

La semilla de todo
lo que existe

*E*n mi último cumpleaños, alguien me regaló una tarjeta con un paquete de semillas de flores silvestres. La jardinería no es lo mío. No tengo un cobertizo para plantar con bandejas de semillas que he ido guardando. Dejé el paquete sobre la encimera de la cocina, y pasada una semana, derramé una taza de té sobre él y estuve a punto de tirarlo. Sin embargo, al final pensé que no haría daño esparcirlas por el jardín: por lo menos, así habría alguna posibilidad de que salieran flores, y si las arrojaba a la basura, no. De modo que las esparcí con la esperanza de que la lluvia las hundiera en la tierra.

A medida que pasa el tiempo, he ido notando que todos mis amigos se han convertido en grandes guardianes de su jardín, mientras que yo no. Es algo que me avergüenza bastante. Tengo la sensación de que es el tipo de cosa que debería hacer, pero las plantas no se me dan bien. Suelo achacarlo a la arcilla pesada que hay en mi jardín. A pesar de que le añadí varias toneladas de mantillo hace unos años (y mi jardín es diminuto), allí sigue dominando aquello con lo que se hacen las macetas, no las patatas. La única pala que tengo está torcida desde que intenté hacer un pequeño agujero con ella para plantar un helecho. Es el sello distintivo de mi jardín: se resiste al cambio. Destruye tus herramientas y tu paciencia, y plantes lo que plantes, probablemente muera. Es casi imposible echar raíces.

Si hace mucho que no llueve, olvídate de la pala, esté torcida o no. El suelo se endurece con las sequías, volviéndose completamente impenetrable. Pasado un tiempo, empieza a agrietarse. Hace falta mucha lluvia para que vuelva a estar en condiciones. He aprendido que la mejor estrategia es la negligencia. Las plantas que crecen ahí lo hacen porque quieren; mi intervención no es bienvenida. Cualquier cosa que planto necesita tener raíces sólidas. Cuando pusimos todo el mantillo, planté un montón de retoños de setos vivos nativos (abedul, serbal y avellano) y los dejé para que formasen un bosque en miniatura. También planté unos bulbos de jacintos silvestres, que apenas están empezando a salir ahora, y decidí que el jardín hiciera el resto. Dejé de luchar. Dejé que se asalvajara.

Bueno, casi. Whitstable está inmerso en una constante batalla con la grama, y a veces tengo que arrancar una gran alfombra de la dichosa hierba, porque de lo contrario ahogaría todo lo demás. Otro problema es la correhuela. Durante el verano, crece casi un metro al día en el

212

patio, y ya se ha cargado dos de mis pequeños árboles jóvenes enroscándose a su fino tronco y partiéndolos por la mitad. Ahora, la arranco a puñados cada vez que salgo al jardín. Pero hasta ahí llega mi actividad desbrozadora. La parte izquierda de la parcela está ocupada por arbustos de euforbia, con sus flores de color lima y hojas como fuegos artificiales. Es una planta bonita, pero probablemente no tan abundante. En fin, he estado varios años intentando desenterrarla, y siempre vuelve. Ahora la estoy dejando en paz, y sigo la misma estrategia con la vinca que crece por debajo de la valla en el otro lado. La verdad es que no me gusta mucho, y la perra se pone a ladrarle sin razón, pero he notado que, cuanto más lucho contra ella, más fuerte crece. Así que he asumido mi derrota.

Lo que sí me encanta es la mata de eléboros de color púrpura que cuelgan por encima del patio. Los planté junto con unas cuantas nomeolvides, que, por supuesto, murieron, pero los eléboros siguen allí. Cada año, corto varios para un jarrón y luego me arrepiento: se marchitan en cuestión de segundos. Lo mejor es dejarlos en la tierra junto con la oreja de conejo plateada, que creo que es una reliquia del antiguo propietario, y las enormes matricarias, que cada vez salen más abundantes. Supongo que técnicamente son mala hierba, pero me gustan sus hojas con volantes y sus flores blancas moviéndose. También hay un poco de menta, si rebuscas, y algo de romero con aspecto tristón. No consigo con-

213

vencerles de que se vayan. Luego hay bastante mala hierba pegajosa, que me gusta (es escultural y me divierto tirándosela a Bert) y, cada pocos veranos, sale un montón de borraja por motivos que desconozco. Eso es todo. No es un jardín cuidado, pero a las abejas les gusta, y creo que casi siempre a mí también.

Las semillas de flores silvestres nunca llegaron a salir, o al menos no que yo haya visto entre tanta maraña. Aunque dudo que lo notara si hubieran crecido. Sin embargo, en un callejón que está a cien metros de casa, es evidente que alguien ha plantado su paquete de semillas como es debido. Cada abril, las flores silvestres empiezan a aparecer en un tramo de tierra junto al camino, y, para cuando llega el verano, son un espectáculo salvaje. Hay amapolas, acianos y caléndulas. Hay escabiosa y viborera. También hay perejil de vaca o encaje de la reina Ana, una umbelífera blanca con una flor roja en el medio, que supuestamente representa una gota de sangre que derramó la reina al pincharse un dedo mientras cosía. En cuanto el suelo se calienta, todos se abren paso a través de la tierra para recordarnos la euforia de la vida, cómo encuentra siempre la manera de crecer, aun cuando está confinada y metida en un oscuro rincón. Aunque esa abundancia tenga que salir de lado, y a través de grietas en el cemento.

La primera vez que brotaron algunas de estas plantas, tuve que buscar su nombre, porque no las conocía. Las amapolas y los acianos sí, y también la escabiosa, porque mi abuela solía señalarla diciéndome que su ramo de novia tenía esas flores. Cuando me casé, yo también pedí que las pusieran en el mío, porque todos acabamos encontrando formas de marcar nuestro linaje en lo que hacemos. Otro nombre que me fascina desde la primera vez que lo escuché es viborera. Cada verano aparece con sus finas espigas en un extremo de la playa. Se llama vulgarmente así porque solía utilizarse para tratar picaduras de serpiente. Tiene un increíble color azul sobresaturado, que no llega a ser morado.

Recordar el nombre de flores silvestres siempre ha sido como una meta para mí. Tengo un montón de guías de campo de segunda mano y hasta una app en el teléfono, que suele ser menos útil, y hago lo que puedo para averiguar el nombre de cualquier planta nueva que veo. La parte de verlas es infinita: empiezas viendo las más evidentes (las flores más llamativas y los árboles), y luego, poco a poco, te vas fijando en las especies más discretas también. Algunas son diminutas, otras simplemente forman parte de la gran alfombra verde que crece en primavera. El mundo natural no deja de regalarnos detalles para observar.

Sin embargo, este aprendizaje parece un ciclo de olvido perpetuo. Cada año pierdo la mitad de lo que he asimilado, como si mi cerebro, en un acto de ahorro energético, eliminara datos superfluos durante el invierno. Al año siguiente, me reencuentro con esas plantas que apenas recuerdo y digo: «Esta huele a colonia» o «Esta deja sabor a cebolla», pero no me sale su nombre. Por otro lado, noto que algunos apelativos se han divorciado de cualquier recuerdo de su aspecto y flotan por mi mente como moscas mientras paseo por el bosque, preguntándome cómo es posible que lo supiera hace solo tres estaciones. Las umbilíferas me tienen frustrada: una de ellas, el perejil gigante, puede provocar quemaduras en la piel, y otra, la cicuta, es venenosa. Yo creo que sería bastante útil recordar la diferencia entre estas dos y el perejil de vaca cuando paso la mano por sus flores en mis paseos de verano. Pero, aparentemente, mi cerebro lo considera información desechable. Así que cada primavera tengo que buscarlas otra vez en Google.

Dar nombre es una especie de poder. Cimenta un compromiso con una materia de conocimiento y, en el caso de la naturaleza, también alimenta una continuidad ancestral. Dar nombre es una manera de afirmar un significado al tiempo que se crea significado. Nos permite saludar a las cosas que conocemos como si fueran viejos amigos. En los libros de Terramar de Ursula Le Guin, la magia y dar nombre van de la mano, y los hechiceros se esmeran en estudiar el verdadero nombre de todas las cosas vivas en «Habla Antigua», el lenguaje de los dragones. Cuando puedes nombrar algo, tienes poder sobre ello, y es posible hacer alquimia si cambias el verdadero nombre de un objeto. En esta realidad, los nombres son una fuerza elemental en sí mismos, una consecuencia de la creación. Como dice Ged, el protagonista: «Mi nombre, y el tuyo, y el verdadero nombre del sol, o el de un manantial de agua, o el de un niño aún no nacido, todos son sílabas de la gran palabra que la luz de las estrellas pronuncia muy lentamente».

Una gran palabra, pronunciada por las estrellas al brillar. Me recuerda mucho al OM, la sílaba de la que parte la creación del universo. Ambas son formas de conceptualizar un hecho fundacional del vivir. La alquimia reside en entender la verdad que tan fácilmente parece ocultarse: que todas las cosas están conectadas entre sí. Que solo hay un todo. Que existimos dentro de un sistema que incluye cada acto degradado del ser humano, y cada acto hermoso, cada brizna de hierba y cada montaña; que brilla, se rompe y cambia como la superficie del mar. Nosotros, como individuos, lo contenemos todo. Llevamos en nuestro interior el potencial para hacer el mayor bien y el peor de los males. Sabemos por instinto cómo es cada uno de ellos, porque hay líneas trazadas entre nosotros y todo lo demás. No tengo que creer en Dios como una persona, puedo creer en todo el engranaje de existencia que nos une de formas que solo percibimos si escuchamos. Cada uno de nosotros es una partícula de esa entidad mayor. Y cada uno lo contiene todo.

Nos cuesta comprender esta conexión absoluta. A menudo preferimos olvidarla, nos resistimos a ella. Pero está ahí, tan real como la luz del sol, detrás de todo lo que hacemos. Como es demasiado grande para digerirla entera, la abordamos a través de la metáfora. Contamos historias sobre monstruos y magia, sobre dioses elementales, pero en realidad estamos buscando una forma de entender. En realidad, estamos hablando de nosotros, de todos nosotros juntos. Algunas de las historias antiguas ya no sirven. Cada vez nos resultan más difíciles de entender. Pero eso no significa que las abandonemos. En su lugar, tenemos que insistir en el relato, y buscar nuevas formas de expresar nuestros significados. Puede que eso sea lo que debemos hacer: rehacer nuestras historias hasta que por fin encontremos una que encaje.

Dios siempre ha sido un nombre suspirado entre nosotros.

He oído que, en Singapur, el diente de león, una planta a menudo execrada por los jardineros ingleses, se compra a un buen precio por eBay. Los compradores admiran su delicado molinillo y la abundancia de una planta cuyas hojas y pétalos son comestibles. Algo invisible en un lugar es hermoso en otro. Aquí la hemos degradado hasta en el nombre (en inglés y francés coloquial, se conoce como «pis en la cama», por sus propiedades diuréticas).

Yo creo que siempre me ha gustado el diente de león, tanto como a los singapurenses, probablemente porque nunca he venerado los jardines pulcros. En el mío están arrinconados al fondo, pero brotan de las grietas que hay en el caminito que lleva a la puerta de entrada, y aún me encanta soplar los molinillos y adivinar la hora, contando una hora por cada soplido. La una, las dos... Cuando no quedan semillas, miras tu reloj, y debería coincidir. Nunca falla, pero lo que tiene el diente de león es que siempre quedan hilillos pegados al tallo, y así puedes atinar más. Cuando llegas a la hora correcta, dices que esas últimas semillas ya no se van a desprender. Y si te faltan horas, siempre puedes seguir soplando.

Al fin y al cabo, las flores están hechas de aire. Si les quitas el agua, que necesita reponerse constantemente, prácticamente todo lo que queda es carbono. El esqueleto de la flor está hecho de esa molécula, absorbida del dióxido de carbono que exhalamos. Es sorprendente lo que se puede hacer con algo que parece tan poco.

A menudo creemos que no tenemos cultura y, sin embargo, podemos extraer una galaxia de historias de una mala hierba que crece en nuestro jardín. Ha llegado el momento de entender lo que esas historias significan para nosotros, y volver a conectar con todas las otras, que nos están esperando en nuestros jardines, o saliendo de las grietas en el asfalto. Debemos contárselas a nuestros hijos, para que ya no puedan imaginar la vida sin ellas. Contarlas es un acto de pertenencia, una forma de echar raíces profundas en la tierra. En un mundo lleno de gente inquieta y desterrada, también es un gesto de acogida. Al contar historias de las cosas que habitan nuestra tierra, ayudamos a los recién llegados a leer el terreno profundo que les rodea y tal vez a sentirse un poco más en casa. Además, siempre hay un intercambio: cuando escuchamos lo que se nos cuenta, enriquecemos nuestra mitología. Nos acercamos al gran todo, hermoso y metafórico.

EPÍLOGO

Éter

Cada año, la lluvia de meteoros de las Líridas se produce a finales de abril, cuando la Tierra pasa por la órbita del cometa C/1861 GI (Thatcher), prendiendo los detritus que deja a su estela. Su radiante se encuentra al lado de la constelación de Lyra, la lira de Orfeo, que fue colocada en el cielo por un águila siguiendo órdenes de Zeus. Como Thatcher, tiene un período orbital relativamente corto y regresa cada cuatrocientos quince años; son especialmente luminosas y rápidas, por lo que tienen fama de ofrecer un buen espectáculo entre los observadores de estrellas.

Yo nunca las he visto. ¿Vosotros? Cada año hay doce lluvias de meteoros regulares sobre nuestras cabezas, pero pocos hacemos el esfuerzo de salir a verlas. Lo sé, lo sé: cuesta. Son a altas horas de la noche, cuando está oscuro y hace frío, y vivimos rodeados de contaminación lumínica que hace que el cielo apenas se vea. Además, hay nubes y tormentas, y trabajo que hacer por la mañana. Pero a ver: meteoros, estrellas fugaces... trazos de luz que nos parecen tan mágicos que embarcamos deseos en ellos. Verlo tiene que merecer la pena, ¿no?

En la filosofía medieval, la Tierra estaba hecha de cuatro elementos (tierra, agua, fuego y aire), pero el inmenso universo más allá estaba compuesto de una sustancia totalmente distinta: el éter, un material especialmente fino que trascendía los estados que conocemos. Conocido como la quintaesencia, el éter no era ni caliente ni frío, ni húmedo ni seco, pero sí cambiaba de densidad. Era la materia de la que estaban hechas las estrellas, la luz y la gravedad. Tendía naturalmente a un movimiento circular y así creaba las órbitas de los planetas.

224 ¿Es posible que el cielo perdiera algo de su magia cuando supimos que los cuerpos celestes están hechos exactamente de las mismas moléculas que encontramos en la Tierra? Tal vez. Pero, bueno, el cielo nocturno se ha vuelto algo excepcional de un modo distinto, desapareciendo detrás de la luz eléctrica de la vida moderna. En noches despejadas, las estrellas se ven radiantes y en gran cantidad, siempre y cuando los vecinos de la casa de atrás no tengan encendida la iluminación de seguridad. Si lo está, se acabó lo que se daba. Apenas verás el resto de tu jardín, por no hablar del firmamento. Pero aun sin los vecinos, cuesta zafarse de la luz que llega de las farolas y los brillantes escaparates de las tiendas del pueblo, que emiten suficiente contaminación lumínica como para oscurecer el cielo nocturno, haciendo que solo sean visibles las es-

trellas de mayor tamaño. Nuestra pasión por la luz eléctrica está disolviendo parte de la magia que hay en el mundo. Si quiero ver una lluvia de meteoros, y quiero verla, voy a tener que viajar.

El Reino Unido tiene unas cuantas reservas *Dark Sky*, donde se controla la iluminación para proteger los espacios oscuros. Entre ellas están las islas de Coll and Sark, donde varias comunidades han acordado renunciar a la iluminación exterior para disfrutar plenamente del esplendor de la Vía Láctea. Sin embargo, dado que iba a viajar en tiempos de restricciones, tuve que reprimir el deseo de irme a los confines más lejanos de las islas británicas en busca de la oscuridad perfecta. En su lugar, opté por conducir casi quinientos kilómetros hasta Exmoor, donde sabía que también podría aliviar el deseo de ver mi costa favorita.

Embarcarte en un viaje de ida y vuelta de diez horas para ver unos meteoritos evidencia una disposición hacia lo que despierta el encantamiento en nosotros. Cuando le cuento mi plan a la gente, me dicen: «¡Caray! ¿Se puede hacer eso?», y luego: «¿Por qué te molestas?». El tiempo que transcurre entre ambas respuestas suele ser mínimo. En principio, todo lo que hay ahí fuera nos causa asombro, pero preferimos que el asombro sea solo teórico hasta que nos toca directamente. Los meteoros están perfectamente situados en la cúspide entre lo mundano y lo excepcional. Están ahí, pero solo si los buscamos. Sabemos que, si salimos a su encuentro, será una experiencia extraordinaria, que tal vez recordemos durante años. Pero, como son algo habitual, lo posponemos eternamente. Al fin y al cabo, nadie más lo hace. No son un evento, como un eclipse de sol. Podríamos sentirnos ridículos si les prestamos demasiada atención. Sería infantil, y nosotros ya somos adultos. Uno no piensa en estrellas fugaces.

Creo que empiezo a darme cuenta de que, en realidad, el sentido está en la propia expedición. Nuestro sentido del encantamiento no se despierta únicamente con cosas grandiosas; lo sublime no se oculta en paisajes lejanos. Lo asombroso, lo numinoso está a nuestro alrededor, en todas partes, todo el tiempo. Nuestra atención deliberada es lo que lo transforma. Se convierte en algo valioso cuando nosotros lo valoramos. Cobra significado cuando se lo damos. La magia la hacemos nosotros. La hierofanía, es decir, la revelación de lo sagrado, es algo que damos a las cosas cotidianas, no algo que nos viene dado. Ese tipo de experiencia que nos revela cómo funciona el mundo, que nos consuela y nos fascina, que nos conduce hacia un conocimiento mayor del hecho de ser humanos, no es excepcional en sí misma. Lo que sí es excepcional es nuestra voluntad de buscarla. Si esperamos pasivamente a que el mundo nos encante, más vale que esperemos sentados.

Ahora bien, buscar es una especie de trabajo. No me refiero a hacer viajes a lo loco solamente para ver las estrellas que brillan sobre nuestros tejados. Me refiero a dedicarnos a una vida de compromiso: a fijarnos en el mundo que nos rodea, buscar activamente pequeñas dosis de belleza destilada, reservar tiempo para contemplar y reflexionar. Aprender los nombres de las plantas y los lugares a nuestro alrededor, o formar la mente en los ricos caminos de lo metafórico. Buscar la manera de expresar nuestra conexión con el resto de la humanidad. Poner los pies en el suelo, de vez en cuando, para sentir el cosquilleo de vida que ofrece la tierra a cambio. Está todo ahí, esperando a que le prestemos atención. Quitaos los zapatos, porque siempre estamos en suelo sagrado.

Dos días después del pico de las Líridas, salimos en su busca. Bert se baña temprano, le metemos en el coche en pijama y con una chaqueta con capucha, listo para meterse en la cama en cuanto volvamos. Ya no puedo sacarle del coche dormido, y es algo que echo en falta incluso al hacer planes. El sol está empezando a ponerse cuando salimos de la casa que hemos alquilado rumbo a los campos de Exmoor, cuyas carreteras cada vez más angostas y sus kilómetros de matorral salvaje se desdoblan ante nosotros. Los campos más verdes están llenos de ovejas con sus crías, y en algunos sitios también las vemos junto al camino, masticando la hierba y dejándose la lana en la aliaga espinosa. Algunos de los corderitos más fornidos prueban suerte lanzándose contra el coche, o se plantan en medio de la carretera mientras avanzamos lentamente antes de salir estrepitosamente sobre sus torpes patas en el último momento.

Subimos a tanta altura que los oídos empiezan a taponársenos y abrimos un paquete de pastillas Polo para recuperar el equilibro. Cuando organicé el viaje, no conté con que hubiera una superluna. Ya ha salido y está dentro del noventa por ciento del perigeo, el término astronómico que indica el punto de su órbita más cercano a la Tierra. Eso significa que hoy estará especialmente luminosa. Espero que no acabe con mis esperanzas de ver meteoros, eclipsando la luz de las estrellas, menos reluciente que la suya. Aunque aún está gibosa, es una luna «jorobada», y todavía no está llena. Dentro de un par de días, será la luna de la leche, que da inicio al mes anglosajón de þrimilcemōnaþ, el mes de los tres ordeños. Era el comienzo del verano, cuando un monje del siglo VIII llamado Beda el Venerable dijo que nuestros antepasados ordeñaban sus vacas tres veces al día, una estación de fecundidad y alivio de los restos del invierno. Esa sensación de liberación sigue siendo tangible para nosotros ahora. Liberados de los meses oscuros que nos han mantenido a refugio, podemos salir en plena noche en busca de la maravilla. Y ahora, tras un año metidos en casa, lo sentimos con más intensidad.

Aparcamos en Holdstone Down y subimos a pie por un sendero de piedra según va oscureciendo. Sobre mi cabeza, el éter azul pálido dibuja vetas de color naranja hacia el horizonte. Al llegar a la cima, la tierra se deshace ante nosotros, dando paso a un inquieto mar gris y una escalera de acantilados que se difuminan a lo lejos. Bert está fascinado por el hito que hay en el pico de la montaña. Es el primero que ve. Ha tenido suerte: la mayoría de hitos que conozco estaban en la cumbre de un largo ascenso o en un sitio tan remoto que los montañeros se sintieron obligados a señalar la ocasión de su paso. Nosotros apenas hemos tenido que caminar cinco minutos. El montón de piedras es tan alto como yo y tendrá unos cuatro metros y medio de diámetro. Alguien ha colocado tres piedras diminutas apiladas formando un arco a través del cual se ve un pedazo de cielo.

Los hitos son monumentos espontáneos y cambiantes dedicados a un montón de cosas distintas. Hay un ramo de flores amarilleando sujeto bajo una de las piedras que mira hacia el mar. Le enseño a Bert que él también puede poner una piedra, y lo hace, y luego añade una por cada miembro de su familia: por mí, por su papi, por la abuela, por los gatos y por la perra: todos los seres que más quiere. Y así, sin más, ha creado su propio ritual, un acto de invención y un gesto de conexión. Eso no hace falta que se lo enseñe nadie. Ya lo sabe. Lo que necesita, cuando crezca, es seguir teniendo permiso para dar significados en todo el paisaje.

Últimamente, cuando busco hitos en Internet, encuentro un montón de comentarios furiosos porque se apilan sobre monumentos antiguos o contravienen la ética de «no dejar rastro», porque

229

son una forma más de imponer la ingrata presencia humana en la naturaleza. En mi opinión, esto dice más sobre nuestro desencanto que sobre la destrucción que dejamos. El añadir piedras a espacios antiguos de ritual me hace pensar que hay una continuidad en las prácticas, un río de conocimiento que ha fluido a través de los siglos. Dejar rastro no es necesariamente lo mismo que dañar, especialmente cuando solo implica cambiar unas piedras de sitio. Hacer estas conexiones sin duda nos hará administrar con más prudencia la tierra sobre la que caminamos.

Ya es hora de rechazar estas fracturas inexistentes entre la humanidad irracional antigua, cuyas creencias podríamos asociar con una historia lejana, y el sujeto moderno, despojado de significado; entre la idea de una naturaleza pura y los salvajes que pasan por ella. No destruimos las actitudes colonialistas sobre el paisaje eliminando a toda la gente que hay en él y prohibiendo sus actos cambiantes de dar significado. No preservamos nuestros paisajes naturales convirtiéndolos en un museo. Salvamos estas fisuras invitando a restaurar la amabilidad en nuestra relación con la tierra y dejando que el significado pueda volver a prender. Deberíamos animar al encantamiento a brotar como la mala hierba. Al fin y al cabo, es algo propio de nuestra tierra. Las piedras, el brezo seco, el sonido del mar y la luna sobre nuestras cabezas han estado almacenándolo como pilas, esperando a que se vuelva a encontrar su corriente.

Empieza a hacer viento y el cielo no está del todo oscuro, así que volvemos sigilosamente al coche. Todavía no hay estrellas, y la luna ya está alta con su luz invasiva. H recuerda un área de descanso un poco más adelante en esta misma carretera donde cree que se verá mejor Lyra. Según una app que tengo en el móvil, la constelación está saliendo por el nordeste, aunque aún está bastante baja. Cogemos el coche y volvemos a parar a los pocos minutos. Apagamos todas las luces y vemos cómo el cielo se va oscureciendo a través de las ventanillas hasta que aparecen las primeras estrellas.

Bert nunca ha tenido la oportunidad de ver cómo aparecen las primeras motas de luz y luego se hacen visibles las estrellas menos brillantes a su alrededor. Nunca sé si esto ocurre porque el cielo está cada vez más oscuro o porque el ojo se acostumbra. Probablemente sea por ambas razones. El caso es que está tan emocionado que no para de hablar y moverse en el asiento de atrás, golpeando mi asiento. Hace rato que pasó su hora de dormir, y es evidente que no tardará en caer. Desearía que estuviéramos en silencio y tener la oportunidad de sentir cómo llego a este momento, pero es imposible. Nos bajamos del coche, abrigándonos, y nos sentamos en el capó para mirar hacia el mar. Aún no está lo suficientemente oscuro como para que se vea Lyra. Hay una pálida franja de luz justo encima del horizonte y las luces de Swansea rielan sobre el agua. Un poco más allá en la costa, veo la pulsación regular del faro de Foreland Point. Hay demasiada luz. No hay suficiente oscuridad. Mientras, la luna sigue siendo una amenaza, con un brillo tan ferviente que arroja un velo sobre el cielo entero. Hace frío, noto el viento en los oídos, hemos venido para nada, para ver una lluvia de estrellas invisible.

Y entonces la veo, formándose a nuestros pies. Le digo a H:

—Te has dejado las luces puestas. No me extraña que no veamos nada.

Pero, mientras él busca sus llaves, me doy cuenta de que no están encendidas. Entonces, ¿de dónde vienen esas sombras que bajan por el acantilado desde nuestros zapatos? A los pocos segundos, caigo en que debe de ser la luna.

—¡Mira! —le digo a Bert—. ¡Nuestra sombra de luna!

Los tres nos quedamos fascinados, y empezamos a movernos hacia los lados, levantando los brazos para comprobar que es verdad. H y yo empezamos a cantar, aunque yo elijo Cat Stevens y él opta por Mike Oldfield, y hay un momento de confusión al chocar nuestras voces. Pero luego nos quedamos en silencio, observando. La noche es ya una sombra proyectada en el lado de la Tierra que ha dado la espalda al sol. Esto es una sombra dentro de otra sombra, algo frágil que ha hecho la luz de la luna. No recuerdo haber visto la mía antes, aunque es posible que sí y no me diera cuenta. Puede que nunca haya tenido la oscuridad perfecta. Tal vez no estaba preparada para que revelara su significado como lo está haciendo aquí y ahora para mí. He venido en busca de algo, y encuentro otra cosa; no es excepcional, celestial ni incontrolable para mí, sino algo que siempre pude encontrar. El acto de buscar ha agudizado mis sentidos y preparado mi mente para hacer asociaciones. Estaba abierta a la magia, y la he encontrado, aunque no sea exactamente la magia que buscaba, sino otra cosa. Una percepción que sorprende. Una conexión que jamás hubiera hecho. Una nueva perspectiva.

Por lo general, descubro que ya tengo todas las ideas de las que está hecho mi encantamiento. Buscar deliberadamente la atención, el ritual o la reflexión no hace que absorba místicamente algo externo a mí. Más bien, crea experiencias que reorganizan lo que ya sé para encontrar las percepciones que necesito en ese momento. Así es como funciona el pensamiento simbólico. Te ofrece un reservorio de conocimiento que se puede desencadenar con las cosas de cada día, y que viene en un formato que va directo al torrente sanguíneo. No tengo palabras para describir lo que significó jugar con mi sombra de luna. Pero lo siento en mi cuerpo, es una especie de asombro físico ante lo que me espera ahí fuera cuando me paro y presto atención.

¿Detecto un cierto sentido del humor divino detrás de este mundo, que permite que conduzca cinco horas para luego sorprenderme con algo que podría ver en mi propio jardín? ¿O es mi propia fascinación reflejada, al ver que me enseñan algo que ya sé, pero que aparentemente

233

vale la pena repetir? No creo que importe. De hecho, creo que preferiría una extraña mezcla de ambos, una idea de límites porosos que me mantenga tratando de averiguarlo. No se nos ofrecen conclusiones definitivas, solo una búsqueda constante. Las certezas nos endurecen, y al final acabamos defendiéndolas como si el mundo no pudiera dar cabida a distintos puntos de vista. Mejor que sigamos siendo blandos. Eso nos da margen para aprender y absorber, para hacer hueco para todas las ideas maravillosas que saldrán a nuestro encuentro a lo largo de la vida.

Bert vuelve a meterse en el coche, y sé que no me queda mucho tiempo. Si se duerme de regreso a casa, tendré que despertarle cuando lleguemos, y sé lo desagradable que es eso. Entorno los ojos mirando el horizonte y las estrellas parecen duplicarse con mi esfuerzo. Ahora ya veo el cuadrado inclinado de Lyra, y debajo de él, los últimos posos de luz del día, iluminando el mar a lo lejos, mucho después de anochecer. Hay un barco meciéndose ahí fuera, con su luz moviéndose rítmicamente con la marea. Con el rabillo del ojo, creo ver una veta de luz blanca, apenas discernible, fugaz. Mis ojos buscan esa parte del cielo donde ha aparecido, pero no hay nada.

¿Era una estrella fugaz? ¿O ha sido la imaginación desesperada de unos ojos cansados? Da igual. Yo decido lo que es. Estoy exactamente donde quiero: mirando el cielo para vislumbrar la lluvia de estrellas.

Agradecimientos

No exageraba al decir que me quedé sin batería. Ha habido momentos mientras escribía *Encantamiento* en que me sentía como si estuviera arrastrando un peso muerto (yo misma) por una colina muy empinada (el idioma), y estoy muy agradecida a todas las personas que me han ayudado a hacerlo más liviano, a través de muchas salidas en falso y giros equivocados. Estas páginas están dedicadas a ellos:

A Laura Hassan por aceptar mi desafío y aportar tanta pasión, sabiduría y constancia.

Al increíble equipo de Faber & Faber: Hannah Knowles, Hannah Marshall y Hannah Turner, Mo Hafeez, Sara Cheranghlou, Donnay Payne, Anne Owen, Barbara Mignocchi, Sara Talbot, Sarah Davison-Aitkins, Mallory Ladd y a los dedicados representantes de ventas de Faber.

A Jynne Dilling Martin, por dar forma pacientemente a este libro mientras yo avanzaba a trompicones, borrador tras borrador.

A Jennie Speedy, por nadar conmigo; a Kate Fox, por pasear conmigo; a Clare Jackson, por lle-

varme de peregrinaje. A la Orden de los Pacificadores Zen por embarcarme en un viaje, y a Rami
Efal por ayudarme a llegar hasta allí.

A Angela Y. Walton-Raji, Paul Koubek y
Quinn Brett por dedicarme su tiempo para hablar
mientras empezaba a documentarme, y a Richard
Ashcroft por explicarme pacientemente por qué
mi idea original no podía funcionar.

A Maddy Milburn, por ser una agente astu-
ta y una valiosa amiga, y a su brillante equipo,
especialmente a Rachel Yeoh y a Liv Maidment,
Hannah Ladds y Giles Milburn. A Liane-Louise
Smith, Georgina Simmonds y Valentina Paul-
michl por hacer que mis palabras lleguen a todas
partes del mundo.

A H y a Bert, que se dejan arrastrar conscientemente a locas aventuras, y, a veces, hasta las dis-
frutan.

A mis lectores y a Patreons, que hacen que
esto sea real.

236

Otro libro de Katherine May
que te gustará

A veces tienes la sensación de caer por la grieta entre dos mundos: circunstancias imprevistas como una enfermedad repentina, la muerte de un ser querido, una ruptura o la pérdida del trabajo pueden descarrilar tu vida. Estos períodos traumáticos pueden ser solitarios e inesperados. En el caso de May, su marido enfermó, su hijo dejó de asistir a la escuela y sus problemas médicos la llevaron a dejar un trabajo exigente. *Invernando* explora cómo ella no solo soportó este doloroso momento, sino que aprovechó las oportunidades singulares que le ofrecía.

Una conmovedora narración personal llena de lecciones de literatura, de mitología y del mundo natural, la historia de May ofrece conocimientos sobre el poder transformador del descanso y el retiro. La inspiración surge de muchas fuentes: la celebración del solsticio y la hibernación del lirón, C. S. Lewis y Sylvia Plath, nadando en aguas heladas y navegando por los mares árticos.

Un libro íntimo y revelador que explora las formas en que podemos cuidarnos y repararnos cuando la vida nos derriba.

MÁS DE 250.000 EJEMPLARES VENDIDOS EN MENOS DE UN MES.

BEST SELLER **EN INGLATERRA Y EE. UU.**

Invernando

EL PODER
DEL DESCANSO
Y DEL REFUGIO EN
TIEMPOS DIFÍCILES

Katherine
May

rocabolsillo | no ficción

Este libro utiliza el tipo Aldus, que toma su nombre
del vanguardista impresor del Renacimiento
italiano, Aldus Manutius. Hermann Zapf
diseñó el tipo Aldus para la imprenta
Stempel en 1954, como una réplica
más ligera y elegante del
popular tipo
Palatino

Encantamiento
se acabó de imprimir
un día de verano de 2023,
en los talleres gráficos de Egedsa
Roís de Corella 12-16, nave 1
Sabadell (Barcelona)